拾星者：

康复同伴禁毒志愿者的故事

蔡 屹 叶 雄等 著

華東理工大學出版社
EAST CHINA UNIVERSITY OF SCIENCE AND TECHNOLOGY PRESS
·上海·

图书在版编目(CIP)数据

拾星者 : 康复同伴禁毒志愿者的故事 / 蔡屹等著.
上海 : 华东理工大学出版社, 2024. 12. -- ISBN 978-7-5628-7082-1

Ⅰ. D669.8

中国国家版本馆 CIP 数据核字第 2024S19B73 号

策划编辑 / 刘　军
责任编辑 / 章斯纯
责任校对 / 孟媛利
装帧设计 / 徐　蓉
出版发行 / 华东理工大学出版社有限公司
地址: 上海市梅陇路 130 号,200237
电话: 021-64250306
网址: www.ecustpress.cn
邮箱: zongbianban@ecustpress.cn
印　　刷 / 上海盛通时代印刷有限公司
开　　本 / 890 mm×1240 mm　1/32
印　　张 / 8.875
字　　数 / 179 千字
版　　次 / 2024 年 12 月第 1 版
印　　次 / 2024 年 12 月第 1 次
定　　价 / 78.00 元

感谢

每一位康复同伴禁毒志愿者

和上海市禁毒志愿者协会

序　一

在新时代的社会发展大潮中，志愿服务和社会工作已经成为推动社会进步、促进人民福祉的重要力量。无论是面对社会治理的协同参与，还是解决日益多元的社会问题，志愿服务和社会工作都在其中扮演着不可或缺的角色。今天，我们翻开这本书——《拾星者：康复同伴禁毒志愿者的故事》，共同见证那些经历过沉沦却不屈不挠，最终实现自我成长的康复同伴禁毒志愿者的动人故事。他们的故事不仅展示了个体从困境中奋起的韧性，也反映了社会服务体系增权赋能的专业力量。

本书讲述的是十四位康复同伴禁毒志愿者的生命轨迹和人生进程，他们的每一段经历都让人动容。吸毒是人生进程的破坏，是叙说者所言的“黑暗”，但他们在亲朋好友、社工、志愿者的帮助下战胜了种种困境，重建了自己的生活世界。面对过往的伤痛与失落，他们不仅完成了自我的逆转式成长，更是以志愿者的身份在禁毒事业中找到了新生的意义和使命。通过成为康复同伴禁毒志愿者，叙说者不仅帮助了自己，也帮助了更多曾经处于同样困境中的人，其行动使得

“自助、互助、助社会”这一理念得到了最生动的诠释。

这些志愿者的故事，是生命韧性的生动展现，也是中国禁毒事业的生动画卷。他们从受助者蜕变为助人者，深知禁毒的道路充满艰难与挑战，正是这种深刻的理解，促使他们以更加坚定的信念，投身到禁毒志愿服务中去。在同伴教育志愿服务的实践中，他们不仅帮助自己走出过去的阴影，也成为帮助他人的微光。

志愿服务不仅是社会服务体系的一个重要组成部分，它还传递着深刻的社会责任感和关怀精神。社会工作的增权赋能为越来越多的个体在志愿服务中追寻存在的意义，实现了自我的价值。共建共治共享的社会治理格局需要志愿服务与社会工作融合协同，这是新时代社会工作高质量发展的基础。希望本书中康复同伴禁毒志愿者的故事可以帮助更多人走出自己的困境，也希望本书能够鼓励更多的人参与志愿服务，成为社会工作者。

华东理工大学　何雪松

2024 年 1 月 15 日

序　二

在这个纷繁复杂的世界中，每个人都是自己生命故事的书写者。今天，我们有幸共同翻开一部关于勇气、希望与重生的书籍——《拾星者：康复同伴禁毒志愿者的故事》。这部书，不仅记录了上海十四位康复同伴禁毒志愿者的生命轨迹，更深刻展现了他们由“海星”向“拾星者”的华丽蜕变。

书中每位受访者的故事既独特又相联。他们曾困于吸毒泥沼，饱经身心折磨。但磨难铸就其坚毅意志与求新勇气。通过同伴教育，他们从“受助者”变为“助人者”，以自身经历照亮他人前路，践行“自助、互助、助社会”理念，于禁毒志愿服务中默默奉献，用行动勾勒出动人画卷。

他们的故事，是对同伴禁毒志愿者使命的深刻领悟，也是对志愿者服务精神的由衷热爱。让我们看到，即使在最黑暗的时刻，只要有人愿意伸出援手，就能点燃希望之光，照亮前行的道路。

在此，我衷心祝愿《拾星者：康复同伴禁毒志愿者的故事》一书能够广泛传播，让更多的人了解这些康复同伴禁毒志愿者的感人故事,感受他们身上的正能量与希望之光。愿每一位读者都能从中汲取力量,勇敢面对生活中的挑战与困难,共同携手创造一个更加和谐、美好的社会。

也期望这些康复同伴禁毒志愿者能坚守初心,在禁毒之路上继续前行,点亮更多心灵,书写灿烂篇章。

上海市禁毒志愿者协会理事长　单耀晓

2023 年 12 月 12 日

前　言

在社会的宏大叙事中，有这样一群独特而坚韧的身影，他们宛如隐匿于暗夜中的星辰，虽曾经历吸毒的黑暗过往，但凭借着顽强的毅力与对新生的渴望，奋力挣脱了毒品的枷锁，在禁毒的道路上成为熠熠生辉的拾星者——康复同伴禁毒志愿者。

本书聚焦于上海的十四位这样的勇者，他们的生命轨迹犹如蜿蜒的河流，各有曲折与波澜。曾经，毒品如阴霾般笼罩他们的生活，使他们陷入迷茫与痛苦的深渊。然而，命运的转折在他们踏入戒毒征程时悄然开启，尤其是当他们投身于同伴教育志愿服务后，便踏上了一条充满希望与蜕变的道路。

在这一过程中，我们见证了他们从深陷泥沼到努力自拔，从自我救赎到心怀大爱的非凡历程。他们的每一个故事，都是对生命韧性的生动诠释；他们的每一次成长，都是对禁毒事业坚定信念的有力彰显。同伴教育志愿服务，不仅是他们自我疗愈的良药，更是他们传递温暖与力量的桥梁，在与这项事业的深度交融中，彼此成就，相互辉映。

这些康复同伴禁毒志愿者们，以自身的实际行动，表达着对禁毒志愿服务任务的执着担当，对同伴禁毒志愿者使命的深刻领悟，以及对志愿者服务精神的由衷热爱。他们始终不渝地追逐着“自助、互助、助社会”的崇高理念，用汗水与心血，在禁毒的天地里勾勒出一幅幅新生的动人画卷。

我们衷心期望，通过这本书，读者能够深入了解这些康复同伴禁毒志愿者背后的故事，感受到他们内心深处的力量与信念，从而唤起全社会对药物成瘾者、对禁毒事业更多的关注与支持，一同为构建无毒的美好世界而不懈努力。

上海市禁毒志愿者协会　乔　坚

2023年12月12日

目　录

拾星者：

十四位康复同伴禁毒志愿者的生命故事

从地狱到人间：生命不息，禁毒不止

毒难戒，

但是毒必戒。

毒也一定能戒！

和许多同伴一样，

我们都已经创造了一个又一个真实的奇迹，

打破了一个又一个魔咒。

我们可以，

你们也一定行！

【基本信息】

姓名：叶雄　　性别：女　　学历：本科

工作：上海市禁毒志愿者协会(副秘书长)

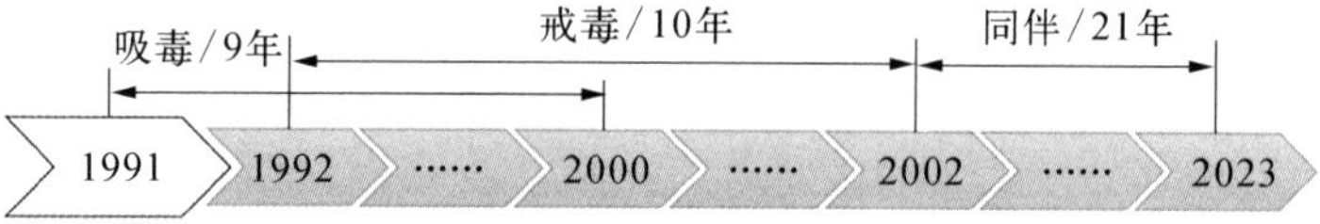

年份(截至2023年)

我的生命历程

【吸毒】1991—2000 年

1990 年　俘虏

1990 年，我有一个做生意的圈子，圈子里有一位与我关系非常亲密的朋友。他告诉我："有人从深圳带回来了'东西'，我也在用。"那是我第一次听说那"东西"——白粉。但我并不清楚这意味着什么，也没有把它与毒品联系起来。有一天，我们约好出去，约定时间过了很久，他一直没来。我去找他时才知道他用了那个"东西"，人一直处在迷迷糊糊的状态，所以不能赴约。

从那以后，我亲眼看到圈子里很多朋友都在吸食"白粉"。当时上海的住房条件比较差，这些人做生意有了一点钱后，就聚在一起去宾馆开房间吸食，因为我经常去找他们，所以知道他们在吸毒。

刚开始我觉得很好玩，怀着很大的好奇心，看这些人怎样做"吸管”、怎样做“烫板”、怎么把块状的海洛因碾碎，最后“烫吸”。一段时间后，吸食的人身体开始出现问题：他们发现自己上瘾了，如果不继续吸食，人就会变得无比难受。于是，就有人想要尝试戒掉它。

那时候，上海还没有专业的治疗药物和自愿康复戒毒机构。这些人就想到一个办法，请麻醉科医生用麻药来帮助戒毒。他们称这种方法为“昏迷疗法”，就是让人处于昏迷的状态，那样就可以不去碰毒品，以此来降低毒品的使用频率。

在他们采取昏迷疗法时，我作为朋友在旁边陪伴和照顾他们，那段日子至今想来仍心有余悸。为了戒除毒瘾，他们吃饭、喝水，甚至大小便的时候都处于神志不清的状态。刚开始还坚持得挺好，六七天后，他们的身体状况无法再继续承受麻药，只得请医生离开，结束这段所谓的“治疗过程”。令我感到震惊的是，他们清醒后想到的第一件事，竟然是打电话联系拿货，毫不在意之前戒毒时的痛苦。我对他们大失所望，感到痛心和气愤，好不容易下定决心，付出努力，最后却全都付诸东流。

那样的情况反复出现过很多次。每次我都推心置腹、苦口婆心地对他们进行劝说，甚至是抱怨、指责，但根本没用。他们的做法科学吗？这样做能戒掉毒品吗？我什么也不懂，只能一直陪伴和照顾他们。吸食者将那东西说得神乎其神，看着他们日复一日地沉沦在那个令人欲罢不能的“邪物”上，我心底的好奇心和疑惑愈发强烈，那东西真那么难戒吗，我越来越想把那个让人变得像被勾了魂一样的东西探个究竟。当着许多人的面，我说：“我就不相信，我肯定不会被这个东西套牢的。”我萌生了以身试险的念头，妄想吸食后自行戒断，真是无知者无畏。

那时我手里比较宽裕，自认买些白粉绰绰有余。于是，我开始吸食，并慢慢地被毒品所俘虏，走上了一条令我后悔万分的路。事后回想，我之所以会沾染上毒品，和自身不服输、喜欢冒险的性格有关。

1991 年　沉溺

1991 年，第一次吸食毒品，我感觉人很难受，头疼、有点痛苦。但看着身边的人终日在那东西的控制下飘飘欲仙，沉浸其中无法自拔，我忍不住一次又一次地去触碰。一方面，我承受着身体上的不适；另一方面，我的潜意识在渴望快感的到来。

我开始断断续续地使用那东西，刚开始的频率是一周一次。当感到手脚不知如何安放、夜不能寐的时候，我停止吸食。我担心有一天会变成和那群朋友一样，成瘾后不受控制。但过了两三天，情况好了一点，我又开始继续吸食。这种情况大概持续了一年多，慢慢地我发现自己的身体开始出现异样。

令我印象很深刻的是，有一天我居然感觉到没那东西非常难受。正好身上没货，我头也不梳、脸也不洗，全然不顾衣衫不整，只想着赶紧叫车去拿货。我心里恐慌，很担心拿不到货怎么办。从那之后，我开始每天晚上定时定量吸食。

有一天早上起来没事，我鬼使神差地也吸了一下，到第二天早上，不知是心理作用还是毒品的作用，身体异常难受，从那天以后，每天一到这个时间点，我就感到不吸食就没法活了。就这样我的毒瘾上来了，我的吸食频率渐渐地变成每天三次、四次，最后基本上每天只要我睁开眼，第一件事就是吸食，随后就昏昏沉沉地打个盹，醒过来又继续吸食，反复沉溺于此，无法自拔。我还记得吸食时我总是盘腿而坐，脚踝一直被压在床上，皮肤被磨出一层厚厚的茧。可想而知那时的我吸毒的欲望有多强烈。

吸食白粉后，人变得无法正常思考，只想怎么拿货，对其他任何事情都提不起兴趣，异常懒惰，甚至连生病也懒得去医院。当时，改革开放方兴未艾，白粉只是在一定的圈子里流通，政府和社会层面的禁毒和管控力度比较弱，我们吸食基本上处于半公开状态，心里没有害怕的念头，不以为耻，反以为荣，不像现在，吸食者都选择避人耳目。

1997 年　吞噬

到了 1997 年，我还沾沾自喜，自嘲道："我还好，还没有走到像别人那样去典当、借钱的地步。"

1997 年年初，我的积蓄和流动资金都用完了，只剩一家饭店在经营。饭店每天有现金进出，还没有感觉到经济方面的压力。但是到了下半年，生活开始捉襟见肘。年底，我走进典当行将首饰换成钱，再把钱换成毒品。典当开了头，首饰慢慢就都成了吸食的本钱，生意也没精力好好做了，为了筹集毒资，最后饭店也转让了。毒品就像无底洞，快速地吞噬着我所有的积蓄。

1999 年　羞愧难当

浑浑噩噩地过了两年，1999 年，我面临的经济压力更大了，最后甚至卖掉了女儿的保险和钢琴。记得用卖钢琴的钱买毒品时，我第一次感到羞愧难当，问正在读一年级的女儿："你怪妈妈吗？""我从来没有怪过你，我知道你也是没有办法。"她懂事地回答道。

我原来一直以为女儿不知道我吸毒这件事，直到有一次她带同学回家，在楼下大声地喊："妈妈，我回来啦！我带了同学一起回来。"我想，这孩子回来就回来，叫那么大声干吗？一次两次我没有意识到，后来有一天我突然明白：噢！原来她是在给我发信号。她担心同学来家里时，我正在吸毒。尽管她从来没有问过我，但我居然不曾考虑过她的感受。

【戒毒】1992—2002 年

1992 年　不人不鬼

在真的意识到成瘾后，我没忘记初心，尝试戒过无数次毒。如果以金钱来衡量的话，我在戒毒上花的钱丝毫不少于吸毒。那时，戒毒所需的药物非常昂贵，有需求就有市场，药贩子很多。一小支美沙酮口服液就要 120 元，每次需要好几支。我见过太多人用美沙酮戒毒，但没见过成功的。

清醒时，我唯一的念头就是戒掉毒瘾。

到浙江找个自愿康复戒毒机构是我的首选。但后来只要我一出示身份证，这些机构都不肯接收我。因为我的戒断症状反应特别大：我会在无意识的状态下，自己拔掉输液针，又吵又闹……出于对女儿的愧疚，我并没有就此放弃。我是真的不想再过那种不人不鬼的日子了。我绞尽脑汁、想方设法不断地找寻各种戒毒的办法，我会买各种各样的药，甚至特意跑到外地找个地方把自己关起来……

1997年 绝望

1997年，戒毒无果让我感到绝望，未来的路怎样走，仿佛是块巨石压在心头，让我喘不过气来。失败的经历一次又一次萦绕在心头，我千万次在心里呐喊："谁能来救救我，帮我脱离毒品的魔掌。"没有人能听到我的心声，毒品就像恶魔，用一条无形的铁链牢牢地控制住我，让我无法挣脱，只能任其摆布。

有时候我会拉开窗帘，看着楼下人来人往，不禁心生羡慕，不吸食毒品的生活是多么美好啊，对于平淡生活的向往，以及被毒品折磨的痛苦，在我身上交织、缠绕，令我痛不欲生。

不知从何时起，我对死亡有一种神秘的向往。死亡何尝不凄美，那是种充满鬼气的美丽。死亡，像一朵开在阴影里的罂粟花，暗暗的底色衬着妖艳的花形，令我在被吸引的同时，又莫名地在心中弥漫起寒意……当毒品将我原有的生活弄得支离破碎，当我在生不如死的困境中苦苦挣扎时，我真的想过用死来解脱毒品带来的苦难。

1999年 九霄云外

1999年，我始终想戒，但确实戒不了。我就想不如出国去日本，到了国外肯定就碰不到毒品了。办护照前，我去公安局开证明，接待的人知道我之前被拘留过，对我说："如果你尿检没事的话，可以让你出国。"我想都没想就去验了，可想而知结果肯定不好，因为尿检之前我碰过毒品，就算减量，还是会检验出来。

不知该说是幸运还是不幸，检验后我要被送去强制隔离戒毒时，却因注射毒品导致发炎没被送走。当时，警察对我说：“这次你一定要好好地戒，不戒的话还是会被抓的。如果你能戒掉，那我们一定帮你开证明，让你能够出国。”为此，我又痛下决心，我把所有的联系方式都交给警察，希望他们能对我有一个监督，能够帮我成功戒毒。

没有系统的戒毒方法，靠自己苦苦挣扎，我依然戒不掉。警察会经常打来电话，陌生来电我便不接，以逃避警察监督。我依然我行我素，痛下的决心在毒品面前毫无抵抗力，誓言又被抛到九霄云外。

2000 年　救赎

2000 年 11 月 17 日，我被送去劳动教养。

那天，我和其他人一样，被一副手铐铐着送上警车，旁人指指点点不屑一顾的表情令我羞愧难当，难以忍受。在劳教所，我第一次清醒地思考，怎么会变成现在这个样子？我回想自己从小就是个好孩子，一直做班干部，有理想、有抱负，成家后有懂事的女儿，如今却沦落到这步田地，自责、内疚、恐惧、绝望、忧愁，种种思绪盘根错节，搅得我心乱如麻。当我抬头望着一堵堵围绕在我四周、令人压抑的灰色大墙，还有那死气沉沉令人不寒而栗的铁门和铁窗，甚至一度想着就这样慢慢熬，熬到老，熬到死……后来，我觉得这是老天给我的一次契机，既然在外面无法戒掉，进来或许能因祸得福，彻底戒断毒瘾。

这时，我基本上已经生理脱毒。以前无法摆脱的毒瘾，尤其是心瘾，一关进去至少一大半都没有了，“铁窗疗法”效果简直立竿见影。人一旦被关进去，任何欲望都会在那种环境中消磨殆尽。生理上一开始可能还会有些痛苦，随着时间流逝，逐渐适应，直到摆脱毒瘾。这对我来说似乎是一种莫大的讽刺，当初费尽心机地戒毒一无所获，没想到反而是在最厌恶的地方得到了救赎。

【同伴教育】2002 年至今

2002 年　抗争

2002 年出所后，我约束自己，远离以前的圈子，从自我控制，再到做禁毒志愿者，通过以身说法进行戒毒宣传教育。

2003 年　新的方向

2003 年 8 月，戒毒一年后我回到戒毒所看望曾经帮助过我的教员，恰巧碰到出所前一天鼓励我的韩济生院士："叶雄，你是好样的，希望你能帮助其他还在复吸的伙伴。"

回到家后，这句话一直盘旋在我的脑海中："我该怎样去帮助那些仍在毒品的深渊中挣扎的伙伴呢？"

一次禁毒志愿活动结束后，带着这个问题我和一起做志愿者的朋友聊天："你们觉得戒毒过程中最难的是什么？"其实，我已经预想过答案，我以为他们可能会说就业困难、生存困难或者说家里人不信任等，没想到他们却异口同声地说："没有人可以讲话，聊那些需要倾诉的、深入内心的话。"

一语惊醒梦中人。出所后，我一直觉得自己孤立无援，无法向人倾诉我的内心，没想到原来有这么多人跟我有同样的感受。这会不会就是吸毒者面临的共同问题呢？倾诉、聆听，该用什么方式听到别人的倾诉和苦衷呢？

2003年12月，华东地区韩式防复吸戒毒服务指导中心设立了一条戒毒热线——“叶子戒毒热线”。这是上海民间组织设立的第一条戒毒热线。在担任志愿者接听成瘾者或复吸人员电话的过程中，我通过不断地聆听和沟通，找到了帮助别人的思路，找到了人生的新方向。

同年另一个转折点是，上海构建预防和减少犯罪工作体系，成立了三个社会组织。在秦鸿明老师的推荐下，时任禁毒办主任周伟航找到我，给了我一个为第一届社工进行禁毒培训的机会。他说：“只有真正经历过的人，才能真切地了解康复人员在回归社会时最需要的是什么。”

一起参与培训面试的人很多，他们的学历、资历都比我好，我下定决心好好准备。我觉得这是一个态度问题，别人给我机会，是信任我、认可我。为此，我精心准备了3个课时的内容，用了一个国庆长假的时间。故事越写越多，培训内容越写越丰富。那时我没电脑，全都是手写的，写完让女儿用电脑打成电子版。负责培训面试的老师开玩笑说：“叶雄，你干吗？准备写书出版吗？”

真诚认真的态度，让我在一众优秀的人员里被选中参与禁毒社工10月的“黄浦一期”培训。培训当天去了很多人，周主任在台下压阵，参加培训的第一期社工很多都是由公安选聘，或政府招聘的人员，一开始他们对我很不在意。“叶雄啊！以前就是被我们管控的人。让她给我们讲，能讲出什么来？”他们这么想，我完全可以理解。

讲台上，长长的演讲稿我一个字都没看，却能侃侃而谈。我讲了很多东西，关于我的经历、我的感受、我怎么看待这份工作、我觉得社会工作者该从哪里入手等，培训结束我要走的时候，身边围了一大圈人：有问我拿名片的，有鼓励我的，有要我留句话的……大家纷纷对我表示感谢，为我加油。从这天起，社工们对我有了很大的改观。

接受培训的这批社工在当时起了很大的作用，也是这一次的培训让我与禁毒工作有了一个实实在在的联系。

2004年　珍惜

自那以后，我做了多期培训，接受了很多媒体的采访报道，比如《半边天》《解放日报》《新民晚报》。每次登上讲台，都使我更加明白未来努力的方向。我希望通过自己的努力，改变人们对药物滥用者的看法，也让我的同伴们看到毒能戒掉的希望。我珍惜每次机会，内容讲得特别多，时任上海市公安局局长对我说："叶雄啊！你怎么这么会讲，你以后也去我们公安局里给我们的干警讲讲呗。"印象比较深的是在一次研讨会上碰到一位老人家，他是个收藏家，也是中国人民大学的一位老师。我记得他跟我说的第一句话就是："叶老师啊，谢谢你啊！我的孩子有救了。"这句话我到现在都记得，这是一个外公发自内心的感慨，他的外孙后来也成为我们同伴教育一期小组的成员。

2005年　感谢

2005年6月1日，成功戒毒3年。我正式加入上海市自强社会服务总社(以下简称"自强")，在静安工作站当了一名正式的禁毒社工。刚开始，除了接听热线，我还上门家访，一对一为戒瘾者传授戒毒经验。我觉得作为一个特殊角色，我可以利用这种身份去帮助、协助和辅导别人。

2005 年 8 月，自强社团总干事对我说："叶雄，既然你进来了，你也要学习，学习专业的社工知识，比如小组社会工作方法。"这是我第一次听说小组工作方法。当时我就想，小组工作方法真好，我一个个去聊成效慢，如果能够把大家组织起来互相聊一聊，既能解决大家觉得没人没地方倾诉的难题，又可以集思广益提出一些共同的诉求。于是我和静安工作站的站长沟通，开始筹划这件事。

在参加了几次闸北区（现属静安区）女子戒毒沙龙小组的活动后，自强静安工作站开始筹划戒毒小组活动，得知这个消息我很兴奋。在站里领导的支持下，我参与了小组的策划工作，有幸邀请到华东理工大学的费梅苹、朱眉华和张昱等老师来做指导和提供专业建议。小组评估时，我们还邀请了张玉莲和彭善民等老师指导。这些老师来指导的时候，我会很直率地和老师们做沟通，谈自己的想法，他们很愿意倾听并给予我指导意见，便于小组个案的后续应用和推广。这些老师很专业，很有人情味，每次都很热心、很用心地指导小组活动，直到现在我都心怀感恩。

我始终相信人世间终有因果，有付出就会有收获。而我，要对得起别人给我的机会，对得起他们对我的信任与支持。

2006 年　历经坎坷

2006 年，我开始策划成立同伴小组，人员结构以戒毒康复人员为主，小组的宗旨是带动更多的戒毒同伴远离复吸，彻底戒断毒瘾。大家聚在一起想小组名字，一直陪伴和支持我的杜老师提议："要不就叫'涅槃重生'吧。"

此事没有先例，出于安全等种种因素的考虑，禁毒办的领导没有马上表态。自强的孙安清理事长非常支持我的想法，多次去禁毒办和领导们沟通。在他和禁毒办领导沟通期间，我也积极与禁毒办的老师们沟通，主动和他们聊接下来我要做什么、怎么做、做的结果等。最终，成立同伴小组得到了领导的支持和鼓励。2007 年 7 月 20 日，同伴小组正式成立。

自强的办公室很小，同伴小组活动没有固定的场地，有个站长就提议去他们的办公室。小组活动时出现了问题，诸如不注意卫生、声音吵闹等。大家又都大大咧咧，缺什么东西直接开口要，还很随意："××老师，帮我们打印一下。"过了一段时间，这位站长觉得我们不尊重他，婉转地提出不给我们使用场地了。没有了固定场地，我们只得不停地换地方，这次在一个站点，下次在另一个。后来我们检讨了自己，的确存在问题，在后续活动中，我们开始注重细节，不断提升自身素质，争取在各方面取得进步。

这一路走来，真是历尽坎坷……

2008 年　梦想

2008 年，国家要求每个有条件的城市都要成立禁毒志愿者协会，通过发展志愿者协助社工开展禁毒服务，上海市禁毒志愿者协会(以下简称"协会")就这样诞生了。协会积极发挥同伴志愿者的榜样作用，运用同伴互助教育的方法，鼓励、影响、帮助尚未戒除毒瘾的社区康复戒毒人员——这也是 2003 年我在韩济生院士的启发下抱有的梦想。让所有的同伴有一个归属感，有一个完完全全属于自己的组织。在组织里，同伴们能够完全地放松、平等、接纳和互相欣赏，能够获得社会支持和扩大社会影响力。

2009 年　推动

随着“涅槃重生同伴教育成长小组”项目的不断推进，越来越多的人开始关注同伴教育。

2009 年，在上海市女子强制隔离戒毒所、湖北沙洋强制隔离戒毒所、湖北省女子强制隔离戒毒所等单位的共同参与下，“心荷同伴教育成长小组”“金凤凰同伴康复训练营”等 7 个同伴小组相继成立。“拾星者同伴牵手项目”“帮妈妈回家——吸毒母亲康复助力计划”“蓝莲花——药物滥用人员家庭互助会”“涅槃重生同伴辅导计划”“药物滥用人员家庭学苑”“海星同伴禁毒巡讲团社区巡讲三年行计划”等活动成功付诸行动。

积累了一定的经验后，我总结出一个成功的康复同伴禁毒志愿者要拥有的几个素养：(1) 好的操守，坚持以身作则；(2) 树立“为人”的价值观和利他主义的价值理念；(3) 内心情感丰富，有同情心，有善念。(4) 有技巧，有专业性，懂得如何帮助别人；(5) 遵守行为规范，对自己有约束力，用正能量感染别人。

为了更好地开展同伴教育活动，自 2009 年起，我开始尝试自己写活动项目申请书。之后，我坚持每年申请项目，得到了社会的支持和鼓励，其中一些项目更是获得嘉奖；我还组织同伴小组参加上海市文明办、静安区社会组织服务中心等优秀项目的评选活动，带动同伴教育走上项目化道路。

2012 年　成立“叶雄工作室”

2012 年 3 月 2 日，协会与市禁毒办、市法学会禁毒法研究会和自强共同举办“禁毒社会工作论坛——同伴教育的实践与探索暨叶雄工作室揭牌仪式”。

“叶雄工作室”成立后，我们开展了有序、有效的同伴志愿服务工作。一是接听自强戒毒咨询热线，为戒毒的同伴及其家属提供戒毒康复服务、家庭后续照管、心理咨询和防复吸指导等服务；二是通过“叶雄戒毒网”刊登各类同伴撰写的康复体会、新生感悟等文章，呼吁社会大众关注戒毒康复人员；三是继续开展“自强同伴沙龙”活动，参与各类同伴教育计划；四是深入强制隔离戒毒所开展帮教工作；五是成立“商务楼宇同伴志愿者禁毒宣传巡讲团”，先后到静安区石门二路街道、虹口区提篮桥街道等商务楼宇开展禁毒宣讲活动，达到理想的宣传效果。此外，我们还走进上海、湖北、四川等地的一些强制隔离戒毒所，开展同伴教育活动。

“叶雄工作室”的主要工作内容是同伴教育，但对我而言，工作室拓展了许多的服务领域，比如为全市的志愿者举办培训、为高校学生组织讲座。在高校的讲座中，我们会推广同伴教育，或者讲一些社会工作专业的方法带给特殊人群的改变，讲述如何将我们的服务对象组织起来，慢慢地将他们培养成禁毒志愿者。

我想继续推动这份事业，培养一支中国的同伴教育队伍，把我的经验、体会传授给一些同伴。我希望更多有专业特长的人加入我们的志愿者队伍。

2014年 拾星者

2014年，由我主持的"拾星者同伴牵手项目"也正式启动。这个项目由我们的副理事长赞助。他看到我们的小组活动有效果，就对我说："叶雄，专业我不懂，但是你们在做的事情我觉得很好，我很想帮助你们，如果有什么需要就和我说。"我马上对他说："谢谢杜总，那我写一份项目书，完成后给您看看，如果您认为可以的话就请您帮帮我们。"这个项目我策划了三年，他也资助了我们三年。在项目实施的三年中，上海的同伴教育发展进入了一个新的阶段，许多社工都非常积极地参与其中，好几次培训、沙龙活动现场人数都超过百人，同伴教育队伍得到了很好的发展。

2016年 "心瘾"的陪跑者

2016年年底，在高校老师的支持下，我尝试运作禁毒领域的社会组织。我的初心有两点：一是为同伴开拓就业岗位，让他们能够在养活自己的同时，通过服务社会实现康复；二是想更纯粹地做同伴教育的服务与实践，希望同伴教育的方法可以服务更多的特殊群体，如离婚妇女、渐冻人家庭等。我的内心一直有着很强烈的使命感——做一个"心瘾"的陪跑者。我的角色定位就是康复同伴禁毒志愿者。

每一个不曾起舞的日子，都是对生命的浪费。为了不浪费我的生命，我要帮助更多因毒品而感到孤独的人，直到生命的最后一息！

2017 年　不断前行

2017 开始，我们进行康复同伴禁毒志愿者星级制度建设及自我管理模式的探索，希望通过设定康复同伴禁毒志愿者星级评定标准体系，进行分层管理和分级培训，形成团队长期发展和激励机制。

2017 年，在上海市禁毒志愿者协会理事长单耀晓的资助下，我们创作、排练了话剧《寻求》，我在剧中扮演了孙主任一角，我们共演出了 30 余场，得到了观众的好评。单理事长是我能跋涉至今的很重要的支持者。

我的生命故事

难以摆脱魔掌

我一次又一次地尝试各种戒毒方法，换来的却是一次又一次的失败，不断的失败让我越来越恐惧戒瘾时的痛苦。当那种痛苦来临时，只要给我一点点那东西，我马上就可以变得生龙活虎，和常人无异。

我一直觉得戒毒最难的是对抗自己的心瘾……不管是吸毒时那种不可名状的感觉，还是戒断时难以忍受的痛苦，都在我的记忆里留下深刻的烙印。那些画面就像相册一样储存在我的脑海里，当我难受时它们就会不断浮现。

有一次，我们几个人约好一起戒毒。戒之前，我们拼命地拿货、拼命地吸、拼命地打针，直到吸过瘾，筋疲力尽，身体实在无法承受，大家商量好先去自愿戒毒所待十几天，从所里出来之后，不回上海，直接买船票去重庆待七天，彻底切断拿货渠道。按照计划，我们开始所谓的集体戒毒之路。

起初我们坚持得还是挺好的，过武汉之后也没人提出返回。其实，我内心已经怕了，怕没货时会暴露丑态，恐惧一直笼罩在我心头。过武汉之后，我心中的阴霾开始渐渐散去，随之而来的是无以言表的喜悦，因为过了武汉就没有大城市，就没有机会再飞回上海。这意味着我们终于可以彻底摆脱毒品的诱惑，胜利的曙光仿佛就在前方，我期待这次真的会成功。

这天半夜，我们乘船到了沙市，当时的沙市是一个很小的镇。半夜两点多，毒瘾袭来，也不知道是谁起的头，或是眼神交流，心领神会，突然之间大家就开始打包下船。

我还记得当时下船要用木板搭在岸上，走上去摇摇晃晃，感觉很危险。上岸后，我们就开始叫车回武汉，当时半夜里很难打到车，但出于对毒品的渴求，我们最终以被人家勒索几百元车钱的代价打到一辆车。在路上，我们开始打电话："我要订明天早上第一班的飞机……""第一时间赶紧给我带货过来……"集体戒毒计划就此宣告破产。

成瘾后，我开始刻意回避他人，我爸妈都已经过世，除了妹妹，基本上也没有人会关注我。我记得妹妹为了帮我戒毒，特地给我买来一种从云南寄来的戒毒药，售价高达一万元。当时病急乱投医，我就按照说明书一把一把地吃药。但每次吃完药后，人就会变得糊里糊涂。那个药是“三无”产品，根本没有质量保证。有一次，妹妹对我说：“你都不知道，那天我回来的时候，看见你神志不清地坐在椅子上，小便溅在裤子上，没有一点知觉。”那些花大价钱买来的药最后还是没有什么帮助，吃完药，我会继续使用毒品，循环往复。

我们中间有一个人后来以贩养吸，成为大型案件中的毒贩，现在还在监狱。

“敲”醒

2000 年的某一天，一个陌生电话打来，可以说正是这通电话拯救了我。

那天说来也奇怪，我平时不接陌生电话，我们也有反侦察能力，而且我手机快没电了，但是我很清晰地记得打来的号码，用固定电话回过去。没想到那个电话是警察打过来的，我一打回去，他们就知道我的位置。约两小时后，他们找到我。警察一来我就知道逃不掉了，因为要尿检，而且我还一直在吸食。我十岁的女儿也在，警察要带我走的时候，她静静地望着我，不哭也不闹，只是轻轻地问一句：“妈妈，你走之后我怎么办？”

这句话就像针扎一样刺痛我的心脏，离异让我和女儿多年来相依为命，我不知道如何回答她这个问题，也许我永远都回答不了，这于我而言永远是一份愧疚与伤痛。

对未来的恐惧、对女儿的担忧让我的思绪一下子变得慌乱不已。

我呆若木鸡，警察没有给我安排好女儿生活的机会。这一切对我来说发生得太突然，我没有时间去思考应对策略，没有时间去考虑女儿的未来，甚至没能对女儿说什么，就这样被送去强戒。

沉沦的那些年，女儿因我背负了太多本不该经历的不安与苦难。在所里我会经常想起女儿曾经对我说的话："妈妈，你知道吗？我只要一听到警铃声，心里就像打鼓一样，就怕警车是来找你的。"我无法想象，年幼的她是如何挺过来的，她只要听到警铃声，便会心生恐惧，因为警车有可能把妈妈从她身边夺走。我从来没有去关注过她的感受，我不知道原来自己的所作所为在她幼小的心灵里埋下了痛苦与不安。于是，我告诉自己："叶雄，你不能再这样了，你还有一个非常懂事的女儿。这么多年哪怕你一错再错，她都没有责怪过你。"带着对女儿的愧疚，以及对自身的不满，这一次，我真的想明白了，我一定要戒掉毒瘾。

所里的戒毒模式非常严格，我都不敢回忆里面的生活。庆幸的是，我坚定了信念。毒瘾发作时，我就回想那个最初的自己。上小学第一天，就被老师指定为班长，从小到大，一直担任班干部。在父母、亲戚眼里，我一直是个学习好、懂礼貌的孩子，长得也很讨喜，无论在哪个学校都是引人注目的人物。后来参加工作，在工作岗位上也表现得非常优秀。为什么现在我会又戴手铐，又被人监管？重新变回"叶雄"的信念，让我的戒毒之路逐渐走稳走扎实。

转折

在所里，我遇到一件对我人生之路产生巨大影响的事情。这件事是我人生转折的一个契机，为我后半生的禁毒工作之路埋下一个伏笔。

2001 年的一天，队里组织我们看中央电视台的一个节目，讲话的是一位胸前挂满勋章的武警战士，名叫宋玉生，他大概是中国第一个上中央电视台的吸毒者，我大概是第二个，我是 2004 年上的。当时我看见他在电视里讲话，他成功戒毒的经历深深地感染到我，节目对我触动很大。当时我胆子很大，看完节目后，我就对我们的主管楼蓓华队长说："我想在大队里发起一次活动，写封信给宋先生。第一向他学习；第二想问问他的近况；第三想以他为榜样，以此激励我们自己。我可以来起草，让其他人在后面签字行吗？"

没想到楼队长一口答应。这仿佛是一次机缘，从内心深处传来一个声音促使我一定要抓住这次机会。我起草完信件之后，来我寝室签字的人越来越多，以至于在寝室门口排起长队。楼队长看到这个情况，担心活动会影响正常秩序，就采取措施限定来签名的人数。

这次活动的成功给我留下深刻印象，不仅让我在苦闷的所内生活看到希望，更找到自己的价值所在，极大地鼓舞了我。那个戒毒成功的战士正好写了本书，叫《我的 28 岁和白色恶魔》。楼队长借书给我看，我们有了一场将近两个小时的谈话。我记得她这样对我说："叶雄啊！其实，我做这个看守吸毒人群的工作意义不大。我都工作十年了，没有遇见一个出所以后能够坚持一年以上不复吸的人。我们也是人啊！我们也希望从警校毕业后能够有所成就，所以，如果说一百个人里面真有一个人能戒的话，我希望这个人会是你。你想过吗？所有人都认为一旦染上毒品，便终身难戒，因此大家都没有信心，甚至是我们这些禁毒工作人员。我真的很希望你能成功，不仅可以为其他人树立一个榜样，也可以为我们工作人员鼓鼓劲。甚至我觉得如果你真的戒断了，你完全可以来做禁毒这份工作。”时至今日，我都不知道她是怎么发现我有这方面潜能的。楼队长的话让我既感动又惊讶，后面她又加了一句：“以后你好好康复的话，也可以写本书，以你的文笔，肯定生动得多。哈哈哈！”

听完这些话，我早已泪流不止，我没有想到楼队长会如此相信我、鼓励我，对我寄予如此厚望，满怀期待。我们这些人沾染毒品以后，不要说别人不把我们当正常人来尊重，就连我们自己都看不起自己。

我对楼队长心怀感激，就算是为了楼队长的这份信任，我也要努力戒瘾成功。相对于所内其他人，我确实受到更多来自楼队长的关怀和帮助。一方面，我在所内表现好，守纪律；另一方面，我一直把自己的感想写成文章，激励自己和所里的人。当时有份报纸叫《大墙内外》，我有好几篇文章都刊登在上面，用现在的话来说都是头版头条。记得有一次我写的一篇文章又是头版头条，教育科科长崔伟民老师激动得不得了，拿着一份报纸在食堂等我。“叶雄，你写的文章又上头条了。太棒了！”

写作发表文章的奖励很高，当时所内有个积分奖励制度，最高档就是 800 分，我每次都能拿到 800 分，相当于可以提前八天离开女所。

崔老师也经常会来找我布置一些任务，或商量一些事情。

“你看我们的楼梯，一层一层走上去，是不是可以在每一个楼梯口放一个字，然后叫……”

“我们是不是可以装饰一下车间?”

“活动通讯报道你要写成报告文学那样，有一个主标题和一个副标题，里面再有小标题……”

所里领导有事情总找我，我也喜欢，会很用心地做每一件事情。我感觉我的潜能就是这样被慢慢地发掘出来。这种被需要、被认可的感觉令我非常开心和满足，甚至是我长久以来梦寐以求的。也许是我的成绩和表现受到认可，所里让我做组长，后又当上民管，民管有一定的权利，自由度更大。比如，洗漱时间可以多一点，可以自由地行走，离开我的大队去其他大队等。正因为有那样一个身份，我得以看到更多所内其他成员的案例，也看到各种各样的吸毒家庭。我记得那时无论谁来了一封家信，我们房间里的 16 个人都会看，所以每个人的情况大家都会知道。随着对其他人的深入了解，我对毒品有了深层次的认识。经过这么长的一段时间，我的身体确实已经恢复，我没有任何理由再走回头路。里面的条件非常艰苦，我一定要吸取教训，来一次就够了。

正当情况慢慢好转时，女儿的来信又让我陷入痛苦。离婚后，女儿判给了我，因为她现在面临入学、上户籍等境况，前夫便提出改判抚养权。其实，我们虽然离异，但关系一直很好。我明白他这么做完全是为了孩子，当我自认做好足够的准备去接受这件事情时，执行起来却那么痛苦。我夜夜无眠，过不去心里那道坎：吸毒，让我失去了女儿的抚养权，连做一个母亲的资格都没有。

我很痛苦，所里许多队长知道了这件事，她们会在值班时到我这里劝我、安慰我，给我讲道理。法院到所里来开庭，开庭的法官很蔑视我："哎哟，这种人还做母亲啊！其他的事情我们都可以先放一下，这个案子先做。"她非常支持改判，这是后来我前夫告诉我的。我也清楚地记得当时法官看我的眼神，恨不能杀死我。她肯定是觉得我一个做母亲的人，怎么可以那样？这件事情给我带来的打击无法言说。

重生

2002 年 3 月 16 日，那是一个星期天，我因综合表现较好，提前出所。第一天不知道住在哪里，我只有女儿的手机号码。我找到女儿，聊一会儿她就要回去，因为第二天她还要上学。我知道她也没办法带我去她爸爸那，毕竟我们俩已经离婚。我就一直坐在那里发呆，到晚上找了一个简陋的浴室，度过我走出大墙后的第一夜。

第二天，我很巧地遇到一个朋友，他介绍我去棋牌室工作，包住。起初，我内心非常抵触，因为我和很多去棋牌室的人包括老板以前都认识。一想到我以后每天要面对他们，给他们泡茶、买烟、打扫卫生等，我就拉不下脸来，无法说服自己。我记得第一天上班的情景，棋牌室在三楼，我就从一楼走到三楼，再从三楼下到一楼，心中纠结不已，不知不觉来来回回踱步半个小时。那个时候我才真正感觉到什么叫头皮发麻。我努力说服自己，总要走出这第一步，我得先走进社会、融入社会，慢慢地才会有机会。

去了棋牌室，反而是那些客人不好意思。很多客人都是以前的朋友，他们说："阿华（老板的名字），要不你给叶雄一点钱，叫她别来了？你叫我们怎么办啊？我们让她做事很尴尬啊！"我直接告诉他们："你们不要这样想。人都有变数，没关系的，阿华哥能给我一份工作，我已经非常感谢他了。如果你们真拿我当朋友，就不要另眼相待，该怎样就怎样。"

就这样，我在棋牌室待了下来。那段日子基本上每天就是三顿饭加睡觉，我突然觉得人生好像再次进入一种无望的深渊。幸运的是，女所的很多队长打电话给我鼓励和支持，也有几位队长给我写信，这些情真意切的电话和信件给我极大的慰藉和鼓舞，一方面让我有勇气杜绝诱惑，另一方面让我的信念更坚定。

很庆幸我的社会关系没有因为吸毒这件事而被破坏。当初即便走到山穷水尽的地步，我也没有去找亲朋好友借钱，甚至在被抓之前我几乎不与朋友联系。我从来没有骗过谁、借过谁的钱，既不偷也不抢，朋友关系维系得还算不错。我农场的好友，还有以前的同学，一直没放弃寻找我，尽管那时通信技术没有像现在这样发达，但他们依然在坚持。

说来也是一种缘分，冥冥之中注定我们会相遇。有一天，我坐在人民广场的椅子上接听手机，顺便等车。以前的一个同学正坐在旁边一把椅子上等车。我一说话，她就听出是我的声音，便问了句："是叶雄吗？"就这样，我和以前好多同学都重新联系上，渐渐地农场的朋友们也都和我取得了联系。大家开始为我的事情出谋划策。

当时农场好友王姐在一家大公司担任要职，有一份行政工作正缺人手，就将这份工作介绍给我。这份工作对我来说又是一个很大的转折点，它令我感受到他人对我的信任和关爱。我顿时觉得我的人生又有了色彩！为此我还特地写过一篇文章，大致是我每天都会经过延安绿地，周围密密麻麻都是房子，每当看到它们，我就会感觉生活是如此美好，甚至每当我抬头迎向从树荫中漏出的阳光时，我的面庞都会不知不觉被泪水浸湿。我很清楚这不是普通的眼泪，而是欣慰的眼泪，是开心的眼泪，是重生的眼泪！

“家”

2003 年 12 月，华东地区韩式防复吸戒毒服务指导中心设立一条戒毒热线——“叶子戒毒热线”，这是上海第一条民间组织建立的戒毒热线。在担任志愿者接听电话的过程中，通过不断的学习，我逐渐掌握了良好的咨询技巧，也让我找到了人生新的方向。

让我骄傲的是，通过运用危机干预的技巧，我成功地解救了一位陷入困境的女孩。那是我接的第一个电话。

“我要找叶子姐姐！”电话铃声响起，传来一个女孩的哭喊。

“你好！这里是‘叶子戒毒热线’，我就是叶子。别哭，慢慢说，我愿意为你提供帮助！”

“叶子姐姐，我好不容易在网上找到热线电话，我太需要帮助了，我对自己已经无能为力，你能帮助我吗？”

“我一定会尽力的。”为了稳定她的情绪，我先做了几项常规询问，这个女孩叫小安，已有 7 年药物滥用史。她抽泣着说：“我老长不大，老做错事，我总是很伤感，我感觉自己没希望，我不喜欢自己。”她低沉的语气中弥漫着忧伤。

“小安，这说明你正在学着长大啊！你在尝试着看清自己，这很好，要知道每个生命都有难言的酸楚，在我们成长的过程中，都会经历痛苦。”

“嗯，我也懂，只是我走不出眼前的黑暗。打通这个电话之前，我已为自己安排两条出路，要么复吸，要么自杀。”

听到这话我吓一跳，我安慰自己要冷静、不能慌、不能怕，我意识到这个女孩正处在危险的边缘，根据“危机预防策略”，为了创造一种工作关系，给求助者提供心理支持，在意识到求助者存在心理危机时，我必须马上建立一种能够沟通并可相互信赖的关系。

“谢谢你对我的信任，告诉我你的想法，和我说一说你打算这么做的理由好吗？”我安抚她的同时，鼓励她说出自己的故事。

这是一个被感情困扰的女孩，在听完她的故事后，我说：“所以，在你面前并不是只有两条路。这样，我们先不去讨论‘两条路’的对错，不妨看看第三条路。小安，其实你已为自己找到第三条路，就是通过咨询热线，找一个倾听者，坦言你的绝望和困惑，寻找心理支持。你知道吗？这就是一种积极的自救举措，说明你的内心存在强烈的求生渴望。为了你在这样的痛楚中能继续保持一份对生命的渴望，我真的好想拥抱你。人生是一个不断征服的过程，征服的对象就是被惰性纠缠、停滞不前、被动存在的自己。现在，至少你已经开始在努力地推动自己向前。”

我觉得那一瞬间老天给了我智慧，我又安慰她说：“你看这样好不好，我现在不来劝你不要去复吸，我不跟你讲道理，因为你太清楚复吸会怎么样。你做一道算术题，你现在遇到感情问题，你想用吸毒或者自杀从情感带给你的痛苦困惑中解脱，是不是？我们都说 1 减 1 会等于 0，那 1 减 1 真的会等于 0 吗？如果你用吸毒的行为、用自杀的行为去减掉你的这个情感问题，带给你的伤害是大于 0 还是小于 0 呢？你一复吸，可能就有许许多多的问题都出来了呀！你焦虑、害怕，觉得愧疚，你好不容易坚持那么久。你可以把电话挂掉，想一想，五分钟以后再打给我。”

结果两分钟都不到，她马上又打来电话，电话响起的时候我就笑了，我觉得结果肯定是好的，至少这一关是过了。在这个过程中，我还是很欣慰的，我没有评判，没有用大道理劝说，没有去责怪或者说把自己的观念亮出来给建议，我给她一个思路让她自己解决。

不仅是小安，每一次电话铃响，背后都有一个不为人知的故事。有与男友深情相恋的小爱，有冲破黑暗迎来黎明的小青，有内心充满希望的小鹏，也有被“五双泪眼”震撼的郭老师……这些故事让我心疼，让我感动，也让我更加坚定了想要做些什么的决心。

自热线开通以来，我已经不记得接过多少个电话。虽然，这条热线后来迁移至自强并更名为“自强戒毒咨询热线”，但是我依然会守候，等待一个又一个故事。

2009 年 10 月，市禁毒办对热线进行专题调研并向市委政法委领导提交《自强戒毒咨询热线工作报告》。市委政法委书记吴志明同志在报告上批示："很好！要认真总结，规范服务，使'热线'成为戒毒宣传、指导自戒的重要窗口。"

随着网络的普及，为了能够帮助到更多的人，我又成立"叶雄戒毒网"，以及多个"同伴 QQ 群"，让康复者在网上也能拥有一个"家"。

礼物

2006 年，我蠢蠢欲动，期待做一个我心目中的同伴小组。一个独属于我们戒瘾成功人员的小组，一个没有歧视、没有偏见、能够自由自在用心交流相互支持的小组。这个过程很艰难，从撰写计划书、招募同伴，再到小组活动，都是经过层层打磨才取得成功。

我记得，当时写计划书的时候，我用了将近半年的时间，很多时候都是半夜突然想到一个点子，马上爬起来就开始写。我看了很多书，给我最大帮助的是一本关于离婚妇女支持性小组的书。我边看边慢慢研究怎么策划、策划什么等。后来，范志海老师也给我推荐了很多专业书，这些资料我现在都还保存着。

在写计划书的过程中，寻找合适的同伴也是很重要的一个环节，有些家属刚开始直接就拒绝，说："不行，一定不能让他去。"我把我的想法告诉他们，我要怎么做，希望他们怎么参与等。通过这个过程，家属们能够放心地让他们的家人来参与我这个小组。用社工的专业术语来说，这其实是一个预估的过程，能让我更好地做一个完整的计划。项目启动从 2006 年一直准备到 2007 年 3 月 2 日，3 月 2 日刚好是我的生日，我有个同学就说："叶雄，我把你写的计划作为生日礼物送给你。”我说：“这也是我送给自己的生日礼物。”

在这期间，为了能够提高解决戒毒康复人员及其家属实际问题的专业能力，我学习了心理学，拿到了国家二级心理咨询师证书。

第一次小组活动的时候我真的很紧张，还邀请了禁毒办的领导来，但是效果不怎么好。禁毒办的领导说：“感觉一直是叶雄在讲，很奇怪。”后来我就一直反思改进，挑选小组里比较会说的、能说的一起探讨，每次活动由不同的人带领，每个人带一次。我就带了第一次和第八次，其他做好的计划书就让小组成员带。

开始我设计的是主题活动，考虑到组员要上班，大多数活动的时间安排在周末，一个月一次。那时候孙总一直陪着我们，他真的很认真。我记得有一个星期天，早上 5 点多他就发消息问我：“叶雄，今天有活动吗？有的话你告诉我，我来参加。”一直到第五次活动，我们邀请禁毒办的周主任来参加活动。他看完后觉得还可以，我们才稍稍放宽心。

渐渐地，我发现一个月一次的频率间隔太久，这期间组员们会发生很多事情，高兴的、悲伤的、值得庆贺的……会带来很多客观问题，怎么解决这些问题就又成为一个困惑。于是我想到可以将结构性小组和非结构性小组穿插交叠运作。常规性的结构式活动通过“同伴示范员”的榜样作用，注入新的价值观，协助组员培养新的行为习惯；从亚文化的认同入手，逐渐将戒毒群体向主流文化引导，提升组员的自我效能感，掌握助人的技能。非结构性的“专题活动”通过公益、感恩、庆生等形式，让组员实现自身价值，体验真善美，提升荣誉感，拥有归属感，增强凝聚力，使组员重构生命意义。

这是我们做的第一个平行小组，刚好有一个组员戒毒康复一周年。我们一起为他庆祝，自此一发不可收。结束的时候，主题活动做了八次，小组做了十四节。从次数上就能看出这中间可能会发生或引发的事情，真是每一个点抓得都非常好。

有多少生命可以重来

我们有一位同伴，大家关系一直都很好，虽然不是正式的小组成员，但是很多活动他都会来参加。我跟进他的情况大概有四年多，眼看着他结婚生子。四年后，他突然复吸，但因为注射过量去世。消息传来后，整个小组一下子就激动起来，很多人谩骂他，说："他真没良心，叶老师这么关心他，怎么能这样？""他没有团体荣誉感，没有信用。"

当时我觉得有必要因为这件事做一场小组活动，我担心这么一个突发事件会让很多人觉得康复难。我将这次活动起名为"有多少生命可以重来"，源于孙楠的一首歌。我给大家看这位同伴 QQ 空间里的最后一句话："妈妈，天很黑。"我们中一位 1982 年出生的同伴站出来说："哥哥姐姐，我请求大家不要再指责他了，因为他的女儿再也看不到爸爸，再也吃不到肯德基，再也不能穿好看的衣服了。"他的话音刚落，整个活动的氛围一下子都变了，大家安静下来。有人开始抹眼泪，有人开始回忆他活着的时候为康复做出的努力，有人提出："我们可以为他孩子做些什么吗？"当我提出如何克服康复过程中的困难时，大家开始理性地讨论这件事带给我们的思考，面对诱惑，我们应该如何处理，如何珍视自己的生命。

最后我们达成共识：第一，戒毒是一个非常艰难且漫长的过程。我们不能掉以轻心，碰到难题可以寻求团队的帮助，但是不能依靠毒品。第二，怎么面对同伴的复吸？“我们是同伴，如果连我们都不能理解同伴的复吸，不能宽容他们，还怎么说是同伴？”大家承诺要用一种宽容的心境、科学的态度面对同伴的复吸，而不是一味地指责。那么多年过去，我依然记得当时的氛围。

父爱如山

有个小组活动的主题是尝试做有关父亲的仪式类的活动。

我们一起画图，大家轮流画，一个画完传给另一个。一开始，我让他们画，他们就叫：“啊？还要画画！”“对，难也要画，画得难看一点而已。”有一个同伴画美金，我的评判感一下子就出来了。我说：“你干吗？今天我们的主题是有关父亲的，你在吸毒的时候问你爸要钱，现在还是想着跟爸爸做链接，画美金啊？”他笑笑没说话。到最后分享的时候，他说：“我出所后，就想这个世界上我最对不起的就是我的父亲，我要赚很多的钱给我爸爸，我觉得美金市值比较高。”当时我特别尴尬，想要钻进洞里！

和解

2006 年，我参加一个心理类的电视节目。有两位很有名的台湾心理学家，张老师和施老师。节目结束已经是半夜 11 点，施老师说：“叶雄啊，我能找你聊聊吗？”这次谈话对我有非常大的触动。

“我看你在做节目的时候，一直沉浸在内心的愧疚里，很自责，我想跟你说的是，我希望这是最后一次，从你今天走出这个门起，再也不要自责。”我心想哪有那么容易啊！

“好的。施老师，我努力，可能现在走出这扇门还做不到，再过几年就可以了。”

“叶雄，你信佛吗？看到你以后我就突然有一个想法，我就觉得你以后会信佛。佛说，让你下地狱，让你从地狱回来，让你经历这人世所有的苦痛，然后再用你的经历去感化许多人。叶雄，我相信你可以的。”

自从施老师跟我聊过之后，我对自己似乎没有那么苛刻了，刚好那时候电影《致我们终将逝去的青春》上映。我觉得人生总会有不完美，总会有遗憾。我们如何去看待？如何去接纳？与其说一直抱怨命运，不如去与挫折和解，在我们生命的历程中一起相伴，和平共处。

我记得有一首诗叫《凡事感激》：

感激伤害我的人，因为他磨炼了我的心志；

感激绊倒我的人，因为他强化了我的双腿；

感激鞭打我的人，因为他激发了我的斗志；

感激欺骗我的人，因为他增进了我的智慧；

感激蔑视我的人，因为他觉醒了我的自尊；

感激遗弃我的人，因为他教会了我该独立；

凡事感激，学会感激，感激一切使我成长的人。

“每天的太阳都是新的，我们不用一直去纠结。什么都可能发生，什么都必须面对，什么都会过去。”这是我们所里的教育科科长崔伟民老师和我说的，我一直记到现在。

以前我们禁毒办的堵亚静老师说：“叶雄，你知道吗？你最大的成功不是戒毒，你最大的成功、你的不容易，是当突如其来的许多光环荣誉照到你头上、放到你身上的时候，你还是像昨天一样，能够看清自己，知道自己缺什么，自己应该怎么做人！”我何其有幸拥有这么高的评价。

确实，这段经历让我看清许多的东西，至于荣誉，应该就是我的名字了。我们前任理事长史秋琴女士说：“叶雄是一张名片，是我们上海禁毒工作卓有成效的一张非常漂亮的名片，你的名字不再属于你一个人。当我们把许多荣誉给到你的时候，就是让整个群体可以看到‘叶雄可以，我也可以’。叶雄今天受到的一些尊重也好，一些认可也好，是她的努力，同样也是给到整个群体的。”

“有枫的日子”——致伙伴的一封信

4 860 天——我与戒毒康复同伴教育谈了一场旷世绝恋

2016 年 3 月 17 日，这是一个特别的日子，它镶嵌在我生命最深处的角落……整整 14 年，162 个月，我用来与戒毒康复同伴教育谈一场旷世绝恋……受挫、委屈、辛酸、艰辛、摸索、跌倒、爬起……感谢那些让我可以咬破嘴唇坚持下来的同伴与老师，也感谢自己的努力与傻劲……

扪心自问，同伴教育是什么？是同伴间真诚的爱——是疼爱、是懂得、是依偎取暖、是彼此的支撑；是大爱——是光、是力量、是希望，甚至是活下去的勇气；是坚持的理由——是生命的彰显、是心灵的召唤、是要摇向光明彼岸的小舟……因为相同的经历，因为榜样的力量，因为看到希望，因为同伴教育，有人喊出："叶雄能做到的，我也能做到！"有时我在想，假如同伴教育是我人生的舞台，我愿意扮演好这个舞台赋予我的所有角色，我会为这个舞台鞠躬尽瘁，舞尽生命中的那份失而复得的瑰丽与雄壮。

扪心自问，什么是同伴教育？我觉得就好比一滴泪掉入江河里，才会懂得淡而不化的意境。在许许多多个用泪珠儿和欢笑声垒砌的日子里，我的心似唐装襟上的襻扣，一个布钮紧扣着一个布钮，装着、揣着每个同伴；在许许多多个用眼神和叮咛声堆积的岁月里，我的心好似一根穿了线的针，把信任与温情缝给正在跋涉的同伴们，一针一线地为他们挡住路程中的风和雨。线尽了，针钝了，守候的目光却永远在路的那头驻留……

扪心自问，如何注解同伴教育？我的心中跃出了这样一首小诗："我恨不能撕开我的胸膛，让我的心化作一轮金色的太阳。让天下每颗受伤的心康复，让每颗心都萌发绿荫般的思想。"

也许，这是我对所负使命的美丽宣誓。

（曾于 2016 年 3 月 17 日发表）

自由自在，美丽绽放

每个人都有自己的一片天空，在心里为自己搭起一个舞台，
心有多大，舞台就有多大。
你可以在这个舞台上尽情地展示自己，
把你的喜怒哀乐表现得淋漓尽致，正所谓人生如戏。
也许没有观众为你喝彩，但是你看到自己的真诚。
那些令你恒久无法忘怀的奇遇，
那些挥之不去、闪光的或不那么闪光的记忆，
那些美的或不那么美的、快乐或不那么快乐的人和事，
像一枚枚书签，被嵌进岁月的书页。
有一天你远离尘世的喧嚣，
静下心来，独自欣赏着自编自演的人生之戏，
或许会有几许感叹，但更多的是为自己喝彩。
因为你没有辜负自己！
在这里微笑是最灿烂的奖章，生命在恬淡中延伸向前。

【基本信息】

昵称：晓荷　　　　　性别：女　　　　　学历：本科

工作：上海市禁毒志愿者协会

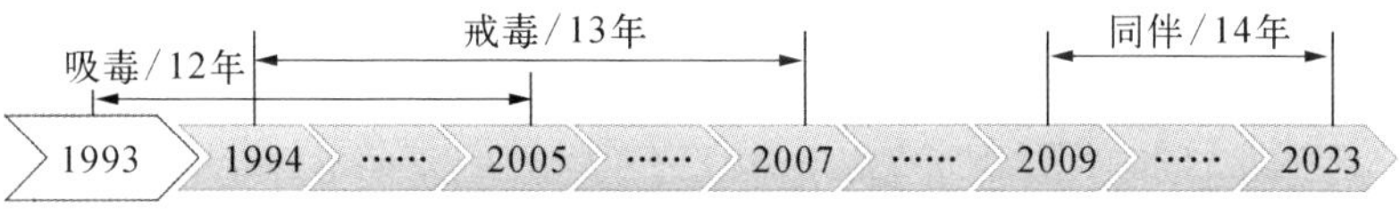

年份(截至2023年)

我的生命历程

【吸毒】1993—2005 年

1993 年　好奇初尝

1993 年,我中专刚毕业,和朋友一起做服装生意,在上海南京路的商店租了两个柜台卖羊毛衫。不久之后,我们赚到了第一桶金。那时候生意好,连样衣都会卖光。之后,我不时地寻找一些时髦的款式,然后买毛线,最后拿去工厂加工。这样一来,顾客们就会冲着新颖的衣服款式前来购买。生意一忙,我在家的时间自然就少,只是每个月给父母一些生活费。

我永远都不会忘记 1993 年。年初,我把服装生意经营得有声有色,就在我以为能凭借自己的努力闯出一番天地的时候,却发生了一件改变我人生航向的事。

有一天,我走进服装公司休息室,看到几个朋友在吸一种“白色粉末”。当时我对毒品根本没有什么概念，只知道鸦片战争、林则徐。对于“白色粉末”是什么，我完全不了解。出于好奇，我初次尝试了那“新玩意”。吸食后，我非常不舒服，有想呕吐的感觉。之后我才知道“白色粉末”就是海洛因。

【戒毒】1994—2007 年

1994 年　第一次被抓

1994 年，我在毒品沼泽里越陷越深。有次和朋友玩乐时遭遇警察临检，被查出随身携带毒品，因此被强制隔离戒毒三个月，所里的日子很难熬，短短三个月就像是过了三年。

当时觉得最对不起的就是父母，他们一直不知道我在吸毒，因为我很少回家，他们总以为我是在忙生意。我每个月给父母生活费，邻居们都认为父母的福气好，生了这么好的一个女儿，但现在想来对父母的关心不能只用金钱衡量。我感觉对父母很愧疚，在做服装生意开始阶段，他们对我全力支持。而在最痛苦的时候，父母陪伴我走上了一条漫漫的戒毒之路，给予我安慰，不离不弃。

1997 年　内心触动

1997 年，我第二次被送去强制戒毒，出所后就复吸了。我妈妈恳切地和我谈了一次，内心有所触动的我决心尝试喝中药戒毒。两年多的时间一晃而过，那时感觉生理上的毒瘾是戒断了，但心瘾还在不时作祟。不久，我又再次过上了与毒品为伴的生活。

2005 年　重蹈覆辙

浑浑噩噩的生活,早已让我迷失。

2005 年一个炎炎夏日的午后,我去毒友家拿毒品。她正坐在门前的躺椅上“飘”,察觉到毒友异常的举止后,我起身就走。刚走到弄堂口,被警察一下拍在肩上,我明白我被毒友举报了。

2005 年 8 月,我因吸毒被判一年半劳动教育。实际上就在被抓的前一个月,我刚刚从无锡自愿康复戒毒机构回来,结果是重蹈覆辙。

在吸毒的十多年里,我不是没有想过戒毒。我曾把自己锁在家里睡觉、喝中药戒毒、与朋友切断联系去乡下戒毒……我的父母也为我想尽各种办法,但都不管用,我一次次的复吸让家里充满阴郁的气氛。

当时,政府和社会已经加强了对吸毒人员的管控和帮教。就在我开始劳教的同月,我妈妈在家里接待了自强虹口工作站的社工。之后,我妈妈逐渐对社工工作有所了解,答应让社工去看望我。

2006 年　结缘

2006 年 3 月,我和社工在女所第一次见面,彼此留下深刻的印象。社工告诉我:“你爸妈一直很挂念你,希望你出所后能真正地重新开始生活……”听到这,我的眼泪一下子涌了出来。我想到有一次爸爸来女所看我,他离开时的背影颤颤巍巍,我很想上前搀爸爸一把,但无情的玻璃阻挡了我。年迈的父亲,年复一年为我操碎了心,此时,我真切地感受到内心的无助和彷徨。社工临走时拍拍我的肩,鼓励我出所后好好生活。到现在，我一直记得那轻轻的一拍，却留给我深深的感动，这是我第一次感受到来自一位真正的朋友的鼓励。

在劳教的一年半时间里，我接触到的全是有着相同经历的人。我听着她们的故事，感觉自己过去十多年的经历就好像发生在昨天一样。记得有一位狱友的父亲在她服刑期间去世了，她难过的表情至今我都印象深刻。当时我就下定决心，出所后一定要好好照顾父母。

2007 年　重新出发

2007 年 2 月一个普通的一天，对我来说却是不寻常的日子。那天，我出所了。我没有让家人来接我，而是先去理发店理发，又去浴室洗了澡，再穿上新买的衣服，干干净净地坐公交车回家。回家的路上，我没有兴奋，而是在思考将来的路该怎么走。

经历十多年的起起伏伏，那次回家后，我感觉不能让自己闲下来，因为我知道复吸人员重走老路的原因之一就是太空闲。除了日常照顾父母之外，我在家养起了热带鱼，练起了书法，打起了网球，不过最喜欢的还是旅行。因为我觉得旅行中总能有意外的收获，获得人生的感悟。我主动与毒友切断联系，这让我的家人们感到高兴，姐姐还鼓励我去考会计上岗证，有一技之长将来才能更顺利地找工作。

【同伴教育】2009 年至今

2009 年　同伴教育

戒毒后的自律和远离毒友让我彻底摆脱毒品控制，不再复吸。

2009 年，我应社工老师的邀请，参加“心灵之家同伴教育小组”。小组活动前，社工都会做一个初步计划，至少找两位小组骨干，一家一家跑，跟大家一起商量，哪个环节怎么做更好，这种孜孜不倦的精神激发了我的积极性。

在社工的带领下，我参与活动策划，和小组成员一起活动，大家彼此坦诚相待，相互鼓舞，有着共同的语言和积极向上的心态。我们都愿意为这个团队做一些力所能及的事。当时，我们这个小组经常自发组织去养老院和阳光之家，带着礼品和资料搞活动，这些都是我们自己筹资购买的，给予别人温暖，带给自己快乐，让我们觉得很有意义，这些活动一直延续到现在依然还在举办。

2012 年　进修

2012 年 4 月 1 日，这是个值得我铭记的日子。这一天，我走进“叶雄工作室”，成为一名从事戒毒康复领域同伴教育的专职人员。在新的领域中，我深感自己专业知识的不足，重新拿起书本进修社会工作专业。

在工作中，我秉承“自助、互助、助社会”的同伴教育理念，组织同伴们开展各项社区公益活动，从展示“我们的风采”社区演讲到“辞旧迎新·贺岁团拜”的敬老院活动，在活动中体会“赠人玫瑰，手留余香”的美好感觉和强烈的社会责任感。同时，这些活动也逐渐改变了社区居民对戒毒康复人员的看法，帮助康复群体树立新的社会形象。

2022 年　入党

我一直想走一条属于自己且能够充分发挥自我价值的路。

党和政府非常重视禁毒工作，从顶层设计到社区管理构建了完备的禁毒体系，甚至有人为禁毒事业献出了自己宝贵的生命。我一直在想，是什么力量让中国的禁毒事业不忘初心、赓续至今？信仰，就是答案。

我萌发了加入中国共产党的愿望，让自己成为一个有信仰、有组织、有奉献精神的人，让禁毒工作成为我毕生的事业。我想通过党组织的培养和自己的努力，成为一名共产党员，用自己的亲身经历，进一步鼓舞和感染戒毒康复人员，在同伴教育中发挥先锋模范作用。

于是，我找到所属党支部，提出了入党志愿，党支部书记在和我交流后，肯定了我的想法，鼓励我积极付诸行动。我向组织递交了“入党申请书”，党支部委派了两名入党介绍人与我联系，我努力按照党员的标准严格要求自己，每季度向支部汇报思想和工作情况，接受组织考察，因为我的情况比较特殊，有过劳教的经历，所以我的考察期要比别人长很多，但我毫不气馁，欣然接受党组织的教育、考察和培养，以实际行动向党组织靠拢。

2022 年年底，我光荣地成为一名中国共产党预备党员。

我的生命故事

难以自拔

第一次尝试海洛因的时候，当时就有朋友提醒我：不能吸，吸上瘾就戒不掉。那时，我盲目自信，心想怎么可能戒不掉，我倒要试试。初尝海洛因的时候，我并没有上瘾，一如既往地做着自己的服装生意。

尝过之后，在毒友的怂恿下，加上对毒品的无知和做生意能赚不少钱，我根本不把吸食海洛因放在心上。直到某天晚上，我照惯例忙完所有的事，拖着疲惫的身躯躺在床上，没有像往常一样倒头就睡，而是在床上辗转反侧，头痛欲裂，怎么也睡不着，就这样折腾了一夜。第二天，朋友见我脸色不好，便上前询问。听完我的描述，朋友肯定地对我说："你那是犯毒瘾了。"朋友的回答让我震惊，此前我根本不知道那种不适的感觉就是犯毒瘾。朋友马上塞给我一些海洛因。吸食后，我发觉头不痛了，整个人好像变得轻松自在。

我渐渐地适应吸食海洛因带来的种种反应，甚至觉得那是一种解脱痛苦的途径。吸食毒品后的我越来越难以自拔，刚开始吸食的量很少，后来逐渐多起来，也没有心思再去做生意，到最后花光了全部的钱。

一缕阳光

我记得很清楚，和社工第一次见面是在所里食堂。

食堂里是那种面对面的桌椅，我的手放在桌上，她就过来握了一下。其实，那种动作是不被允许的，害怕彼此传递东西。但没想到的是，结束时，我俩站起来，社工走到我面前，又抱了我一下。速度很快，我不知道队长是否看得到。那一刻我觉得很触动！我看不起自己，又糟又邋遢，头发油腻，没有自由，社工却给我一个平等的拥抱。她后来和我说："是当时的处境让你感触颇深。我并没有抱你，我只是拍了一下你的肩膀。"虽然动作有差别，但是给我的感受是一样的，可能我天生比较在意这种细节。

当时的感觉就像是一缕阳光，触动了我的内心。那时候的我，人是麻木的，已经适应里面的环境，无奈地接受现实。麻木是为了保护自己，每天生活在“昏暗”的日子里，感觉管教一直在“俯视”我，而我则一直“仰视”他们。时间一长，我慢慢地变成了弱小、自卑的人。

就在这个时候，在我人生最低谷的时候，有一个人很平等地来和我握手、交流，她什么都不说。这件事让我感受到有“阳光”照进来，我需要做出改变。

同伴教育

2009 年 3 月，我有幸踏入同伴教育的崭新天地——“心灵之家同伴教育小组”。这要感谢我的社工老师，是她把我带入这个小组，让我看到一个个活生生的成功戒毒的例子，我的信心也逐步增强。

起初，我抱着试试看的心态加入小组，对小组的其他成员没有什么好感，觉得是一群无聊的人聚在一起，谈一些无聊的事。但是，参加几次小组活动后，我的想法开始有所改变，尝试主动与别的组员交流。特别是社工老师让我把自己的旅游经历做成 PPT，由我亲自为组员们讲解，当换来大家一片掌声时，我真正懂得，只有融入，才会被接受。从此以后，我把能为小组尽一份力视作自己的责任和荣幸，小组给我带来了家的感觉。

让我记忆犹新的是一次家属活动，我们和家属们一起欢笑，一起流泪。戒毒成功组员的讲述，给每一位家属带来信心，让他们看到希望。当看到同伴家属对着我们深深地鞠躬表示感谢的时候，我们的心情不知是喜是悲，五味杂陈。

小组活动结束后，组员们会定期办一些小聚会。因为我们相信，有缘才能相聚。大家由陌生到熟悉，直至互帮互助，这一历程将在我们今后的人生中，起到至关重要的作用。是这个小组让我们相信人间还有真情在，让我们学会凡事感激，让我们体会到亲情的珍贵，让我们懂得善待自己、善待别人！我们组员间形成为他人开心而开心、积极向上的亲密关系，学会在逆境中调节好自己的心态。组员们被发掘出潜力，让我们有了自信。

最值得一提的是，小组活动能获得如此成功，离不开领导的关心和支持，离不开全体社工和组员的共同努力。我们的小组活动是在社工主带模式下进行的，主带者的付出换来组员的充分认可，我们的主带者在挑选组员的时候，先对所有组员进行充分了解，包括个人的喜好、家庭背景等，而且在每节小组活动前，要与骨干组员进行沟通，以便带动一些有消极情绪的组员，使整个活动达到预计的效果，甚至更好。同时，组员自身的积极努力，也使活动达到事半功倍的效果。

作为一名组员，我希望更多的同伴能参与到同伴教育中来，更希望“心灵之家”能遍及所有角落，让同伴们的心灵有一个栖息之所，在受伤的时候可以依靠，在开心的时候可以分享！

获得尊严

2010 年年初，我通过努力考取会计上岗证，不久找到一份不错的工作——酒店财务。同时，我参加自强创办的“同伴教育辅导小组”，接受各种专业技巧的培训和心理辅导。当时为了能证明自己的社会地位和价值，我非常努力地工作，并把小组活动中学到的沟通技巧运用到工作中，得到老板的高度评价和下属的尊重。

好景不长，工作一年后，老板来到我的办公室，很严肃地问我是不是吸过毒，那一刻我毫无准备，脑子一片空白，不知该如何回答。于是，我反问："你看我像吸毒的吗？"他的回答是："我没有吸过毒，怎么看得出来？"我已经记不起那天我是怎么回的家，只记得那晚我整夜没睡，这是我回归社会后唯一的一次失眠。

当时，我内心把这件事视作比吸毒更大的苦难，一年中努力经营起来的人际关系和信任，在顷刻间轰然倒塌……我不敢往下想，不知道明天同事们会用什么样的眼光看我，真恨不得这是一场梦！所幸此时的我已不同往日，从同伴教育中学到的知识让我知道，不可避免的苦难也有意义。经过一夜的辗转反侧，我做了一个决定：既然事情已经到了无可挽回的地步，我一定要尽量让这件事体现出它的意义。

第二天我照常上班，向老板递上辞呈的同时给他一份《上海法治报》，上面有一篇专门报道我的文章，我对老板说："不管以后我在不在你这里工作，毕竟曾经是你的员工，我希望你对我有一个了解。对于我们这一群人，请不要把曾经吸毒那件事和我们的人品画等号。我会把后面的交接工作做好，给你十天的时间找到接替我工作的人。"老板非常仔细地看完报纸，什么也没说走了。

之后的十天，老板娘出面挽留我三次，都被我谢绝了。因为我相信自己的能力，我不想在别人的施舍下混饭吃。虽然我曾经吸过毒，但是我也有尊严！这正应验了一句话：人在人上，要把别人当人看；人在人下，要把自己当人看。

直到今天，老板还和我保持联系。现在的财务有什么不懂的地方，他会打电话请我去指导一下。有一次他对我说："当时我没有叫你走，是你自己要辞职的呀！"对此我一笑了之。原来酒店的同事们还会邀请我参加他们的聚会，在工作上遇到不顺心的事，也会打电话来向我倾诉，我会就事论事地引导他们换一个角度看事情，调整好心态，最后让他们自己做出一个合适的决定。我作为一名无奈离开的员工，现在却俨然成为他们的"心理辅导师"，奇怪吗？不奇怪！因为我是从同伴教育中走出来的！

同伴教育，让我获得尊严，也让我成长为一名合格的禁毒社工。

小举动，大影响

之前，我做过一个外地的个案，有一个年轻人因为吸毒感染艾滋病。他的父亲不知道该怎么帮助自己的孩子戒毒，就通过热线电话找到我们。

我们慢慢地建立了很好的关系，他很愿意参加我们的活动，分享自己的经历。不过后来他还是被抓了，原因是在家里存放了毒品，属于非法持有毒品，被拘役 4 个月。刚进去时，他妈妈和我说他希望在里面看一些书。于是，我给他寄书，定期和他通信，鼓励他。现在他已经出来三年，帮助他爸爸打理生意，而且做得很好。

几年前，他突然给我打电话问候新年好，问我什么时候方便，想送我一些鲜花装饰房间，我说过年不在家。后来，他突然拍了张照片发给我，是我当时写给他的信。他对我说："老师，我把当时您写给我的信都带出来了。我一直保存着。"

当时我帮助他的最主要的方法就是把他当成朋友，平等对待，就如当初我的社工对我一样，不让他在心里觉得我是在教育他。大道理他都懂，再来一个说教者，肯定会产生反感情绪，不利于改造。于是，我在信里聊的都是一些日常，以及他父母的情况，说得最多的是我自己的经历。而这些都是我们日常写信工作需要做的，我没想到对他影响这么大，这些信息能起到作用，我很受触动。

善待别人，让我真切地感受到做禁毒社工的意义。

"有枫的日子"——致伙伴的一封信

右？左？

回看过去，我曾走过多少个十字路口，站在每一个路口，却不知道何去何从。心中是无尽的迷茫、恐惧和无助，往左是一个陌生的世界，新奇的外饰让我有点向往；往右是一条普普通通的大路，和平时走的没啥两样。"随便走一步吧。"我故作轻松地对自己说，于是，好奇心带着我走进那个陌生的世界……

正是这随意的一步，改变了我的人生。时间一天一天过去，这个世界由陌生到熟悉，直至厌恶。在这里我看到人性最丑陋的一面——无尽的贪婪和自私，还有让人毛骨悚然的陷阱，它随时张开血盆大口等着我……当我想转身离开时，却还是觉得依恋，下意识地不想离去。"别走，离开这里你就失去了快乐！”一个声音在我耳边飘荡，在犹犹豫豫中我继续着原来的生活……直到有一天我发现自己遍体鳞伤，所有的亲人和朋友都离我而去，才知道我走错了。但是此时的我已无法自拔，绝望和悔恨伴随着我，跌跌撞撞地过着行尸走肉的日子。

虽然上天对我关上那扇门，却为我打开了一扇窗。从这扇窗中射入的阳光重新温暖了我，一双暖暖的手牵着我，把我重新带回那个十字路口：“再选择一次吧！机会在你自己手中，把握好哦！”她轻轻地对我说。站在路口，我回看曾经走过的那条路，还有许多人在里面游荡、挣扎。我不由得深深感叹：谢谢那双温暖的手，把我带回人间！于是我毫不犹豫地往右跨出一大步，走上那条普普通通的大路，这是一条回家的路。一路上有的人行色匆匆，有的人悠闲地欣赏着路边的景色，而我却在欣赏着这些形形色色的人。有着共同目标的人们会相互扶持着结伴而行，他们互称为“同伴”，甚至还有人会在岔路口放上标记，可以让后来者少走弯路，从他们的目光和脚步中我看到真诚和信任，想起那双暖暖的手，这双手现在正紧紧地握着一个火把，犹如一盏明亮的路灯，为这条路上的行人送去光明。

也正是那毫不犹豫的一步，让我有幸成为他们的同伴，走近后才知道他们和我一样都经历过一次刻骨铭心的蜕变，都曾牵过那双暖暖的手，现在正在享受着普普通通的生活。此时我想起一首老歌的歌词：只有平平淡淡，从从容容才是真。再回首，恍然如梦。再回首，我心依旧！

（曾于 2020 年 11 月 2 日发表）

半生蹉跎，归来坚持禁毒

浪子回头金不换。

我可以，

你也可以！

【基本信息】

昵称:阿明　　性别:男　　学历:高中

工作性质:退休

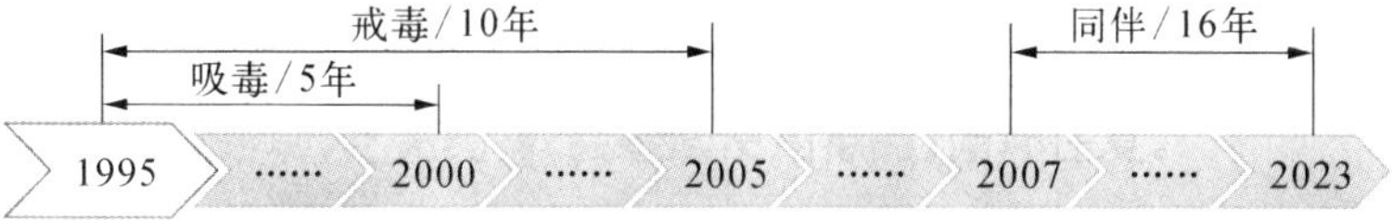

年份(截至2023年)

我的生命历程

【吸毒】1995—2000 年

1995 年　遇见

1995 年,我在一家餐馆里做厨师,让顾客吃到美味可口的饭菜是我当时最幸福的事情。我以为日子会一直这样充实地过下去。直到有一天,老板对我说:“阿明啊,晚上没事帮我照看一下店吧!”“我不看!看店晚上我睡不着。”“睡不着?嘿嘿,来试试这个,保管你睡得好。”看着那一包小小的白色粉末,我充满了好奇,想着:这是什么东西竟然如此神奇?就这样我第一次遇见“它”——海洛因。

往后的日子里,我不止一次地反思。如果当时我没有好奇、没有诧异,我的人生该是什么样的呢?那么小小的一包,竟然毁掉了我最宝贵的青春时光。

“舒服”是我尝后最大的感受,全身都感觉神清气爽,人也精神很多。何曾想，这种“舒服”的感觉会上瘾，让我一次又一次深陷其中，无法自拔。最初的半个月我尚且还能控制对“它”的渴望，但一次又一次地吸食后，我彻底上瘾：不想当厨师、不想工作、不想与朋友接触、远离人群、对父母撒谎、隐瞒他们……“去哪买它？在哪食用它？怎么隐藏它？”这些与“它”相关的问题每天充斥着我的生活，让我无法自拔……

【戒毒】1995—2005年

1995年　痛苦

就这样持续几个月后，我原本平静的生活被打破。

由于吸毒，我在上海首次被警察抓获，进行为期两年的强制戒毒。

所里的生活很痛苦，“铁窗疗法”不仅阻断了我对“它”的依赖，也让我尝到没有自由、被管制的痛苦。

1997年　低估

1997年，出所后，我尝试开始新的生活。我到广东打工，手里有点积蓄后，我再次低估了“它”对我的诱惑。

1998年　再次被抓

1998年11月，不到一年，我再次被抓，被判一年半的劳动教养。

2000年　耗尽

2000年，出所后，我在朋友家又一次被警察抓捕。直到2003年才被释放。

三进三出，8年的时间耗尽了我的大好年华，以及我对"它"所有的耐心。

2003年 发誓

2003年10月25日，我一辈子也忘不了这一天。

这是我最后一次从所里出来。回到家，我的妈妈、姐姐都在家里等我，看到妈妈的满头白发，我流泪了。

我发誓一定要彻底远离海洛因！

2004年 寻找

2004年，对回归社会后的生活，我充满了无助，亟待寻求别人的支持和帮助。当得知我家附近有一个社工点后，我立刻就去了。

在里面的时候，我就知道了社工这个称谓，并期待着得到帮助。

2005年 敬佩

2005年，在社工倪素芳老师的引荐下，我认识了其他社工，又认识了叶雄老师——一个让人敬佩的戒毒成功的女性。

【同伴教育】2007年至今

2007年 成功

2007年7月20日，自强正式启动同伴教育项目。第一期同伴教育小组成员由社工推荐戒毒成功的人参加。当时对人员的管控很严格，入选还须经市里审核同意，而全国也就只有自强这一家机构在开展同伴教育。

由于戒断表现较好，我被区里推荐参与上海市第一期同伴教育小组。在我看来，同伴教育最主要的影响来自同伴之间的感染力。在家里，许多吸毒的人不可能会把什么事都和家人说。但在这里，我们能聊很多——开心的、不开心的，很轻松，很自由。当然，这种感染力有时候也会有反作用……

好在苦尽甘来，同伴教育成功了！

2009年　珍爱

2009年，我结婚了。自强总社的领导、叶雄老师等很多人都来参加我的婚礼。我知道这代表着他们对我的认可及鼓励。

现在的我对生活很满足，有恩爱的妻子、幸福的家庭、稳定的工作，还有我珍爱的禁毒事业，够了。

我爱人也知道一些我的过去。结婚前，我就和她说过，她表示没什么不能接受的。她说："那都是过去的事情，只要现在我们俩好好的，柴米油盐，互相照应，相伴一生，就够了。"

我家人对于我现在的状态也很欣慰，尤其是我姐姐，她特别支持我担任禁毒志愿者，她对我充满希望。家人看到我的转变都很欣慰。他们很支持我现在做的一切。

在一次校友会上，我同学说在电视上看到我，都对我竖起了大拇指！

2016年　自豪

2016年，我获评"上海市禁毒优秀志愿者"，我的内心相当自豪。

我戒断时间久、年龄也大，大家一直都很尊敬我。我们都是老同伴带新同伴，现在，有些老同伴逐渐有了新的工作、新的生活，拥有了正常的人生。从戒毒所里出来,回归正常的生活,同伴教育的目的正是如此。通过同伴力量的感染,戒毒者能有一个获得支持与归属感的团队。

之前,常有人说:“阿明,你‘神经病’啊!吃饱饭没事干,放弃休息时间,吃嘎许多苦头,出来做禁毒志愿者。”我总是不予理睬。

有一次,区里有活动,我夜班回家本打算睡觉,但一听说有演讲任务,我立即赶去。从早上到下午,我没怎么停过,一直在演讲。这样一周两到三次的频率,身体很疲惫,但是我心里真的很开心。我知道这是在做好事,在帮助别人。与戒毒所的生活比,这点劳累和辛苦又算什么呢?就算是苦,也应该说是自由的苦,光荣的苦,我没有被限制自由,我在做我喜欢做的事。

参与同伴教育,我最大的收获就是满足感、荣誉感,有了能交心畅聊的朋友。虽然有些人已经离开小组,但我们的关系依旧保持得很好。每年我们都有聚会,有时候还会一起旅游、喝茶、聊天,彼此相互支持一直没有断过。

除了做禁毒志愿者,在社工的联系下,我们还去养老院看望老人、关爱渐冻儿。谁没有老的一天?谁没有父母?谁没有孩子?我们做公益,做些微薄的小事,也是回馈社会。我们这些人过去被认为是社会的渣滓,现在能够帮助别人,赠人玫瑰,手有余香,这让我们充满了自豪。

回顾过去,感谢我的同伴团队,是团队的力量让我能够恢复得这么好,坚守得这么好。未来我也希望有更多的人被同伴的力量所感染。

同伴永远不会抛弃你！

我的生命故事

救赎

在我整个戒断历程中，除了一直爱我的母亲，姐姐是我非常想感谢的人之一。她做的两件事让我难以忘怀，甚至是对我的救赎。

第一件事是让我强制戒毒。我妈妈曾经说过，在我第三次进所后，其实是可以有机会出来的，是我姐姐强烈建议："别让他出来，出来了他还会进去！"正是姐姐的这句话，她的坚持彻底挽救了我。在所里的三年，彻底断了我对海洛因所有的依赖。

第二件事是让我上新闻。刚回来不到一年，我各方面都恢复得很好。有一个节目想要采访我，我当时是很抗拒的，但姐姐对姐夫说："让他上！上一次电视，给他一点压力。上过电视，他就再也不会走下坡路了。"这样成就了我第一次被采访的经历。即便如今我已经接受过许多次采访，但第一次采访的情景依然历历在目。

正是因为姐姐对我一次又一次的关照与督促，才让我能够彻彻底底地戒断对海洛因的依赖，重新找回属于自己的人生。

出所后，我断绝了与过往所有朋友的联系，我真的不想和过去再有任何联系。尽管我一再保证再也不会沾染海洛因，但我姐姐始终在考验我。刚回来时，我姐姐说："我每个月给你 1 000 元零花钱。"

我拒绝了,我想靠自己维持生计,并赡养母亲。出所后,我找到一份厨师工作,每个月工资都上交给妈妈。我一边工作一边照顾妈妈。

后来妈妈生病,我姐给我 3 万元钱,让我放在身上以备不时之需。我知道他们还不相信我能改好。这笔钱既是给妈妈用,又是对我的考验,看看我是否会去购买毒品,是否真的完全改好。我为了让他们放心,把每笔支出都记录下来。在姐姐姐夫询问我钱是怎么花的时候,我把账本给他们看,直到这时候他们才彻底地相信我是真的改好了。

第二个姐姐

2004 年,我家附近有了一个自强的社工点。在戒毒所里我就听说过社工,知道我家附近也有社工点后,我立刻就去了。

“请问您有什么需求?”这是社工倪老师和我说的第一句话。

“我想找一份工作。”

“那您想找一份什么工作呢?”

“扫垃圾!”

“那您能告诉我,为什么您放着一个月 2 000 元的厨师不做,要去扫垃圾呢? 工资一个月才 800 元。”

“我想要缴社保。在私人饭店做厨师,老板不给奖金,退休后没有保障。我去扫垃圾,虽然工资低点,但是有保障。”

起初,我确实是冲着找一份扫垃圾的工作去的,但完全没想到倪老师会帮我找到一份邮局的工作,更没想到这是她自掏腰包帮我申请的工作,我发自内心地感动与感恩!

逢年过节，我都会去倪老师家看望她。每次带礼物去时，她都会说："我给你介绍工作不图别的，是我看好你、看重你！你不要再给我买什么东西，我什么都不会要的。只要你彻底戒掉毒品，就是对我最大的馈赠。"

她就是倪老师，我的第一任社工，也是我生命中的第二个姐姐。

诉心声

第一次同伴教育活动真是历经磨难！

刚开始，我们连固定的场地都没有，这次去这里，下次去那里，甚至连活动经费都是小组成员自己出的，尽管条件很艰苦，但我们干劲十足。

第一期活动一共有 10 人参与。活动内容由叶雄老师提前设计好，我是同伴，是参与者。一个月一期的同伴教育活动，主要以沟通为主题，大家都讲讲心里话，说一些平常无法向人诉说的心声。

活动有了初步成效后，总社和禁毒办领导请来专家老师指导我们，还邀请一些媒体、单位来参访和交流，给我们鼓励。后期，在小组内部，我们同伴成员之间会相互支持——谁不舒服，谁家有事，我们都会去看他，有困难我们团队一起帮助他解决。在小组外，我们活动的规模也在逐渐扩大。我们被邀请进所演讲，讲我们自己的故事和经历。

我们真的觉得内心很满足，充满幸福感。

次次不落

在整个戒毒经历中，我印象最深的是有一次自强的曹霞老师带我进所演讲。这个所里关着"几进宫"的吸毒人员，他们没人相信毒品真的能戒。曹老师对所长说："我给你们带来的这个人，是个活生生的例子。他官司吃得不比这里任何人少，强戒次数也不比这里的任何人少。但他现在恢复得很好，工作很好，生活也很稳定。"

那天，2 000 多人听我在台上演讲。以前我不敢讲，不敢说我能帮助别人什么，但现在我敢了，我有资格对别人讲那些话。最后，我以"我就是你们的榜样"结束演讲，全场一片沸腾。我们这样的同伴教育活动很受欢迎，所里很需要我们这种康复同伴禁毒志愿者。我们也想通过同伴教育活动让他们知道，出所后如果想加入，能够通过社工找到我们。所以只要有活动我一次都不落下，我在邮局的工作是上夜班，但是，白天我只要休息，就会去演讲、做志愿活动。

这几年，我成为去男所、女所次数最多的人，近百次，次次不落。

还有一个同伴让我印象很深刻，他复吸、戒断，反反复复，情况很不稳定。负责戒毒工作的刘佑明队长和社工倪老师让我带他。最开始我带了他半年，谁知道那家伙自己禁不住诱惑还想带着我一起。"阿明，我们就抽一点，刘站长和社工不会知道的。""我不抽，你也不要去抽。你半年不到又进去，进去以后出来再进去……你不要再抽了！"

我劝了很久，好听的不好听的都说了，他就是不听劝，一意孤行又去抽。现在从戒毒所里出来必须社工去领。后来我和倪老师去戒毒所接他，他和我打招呼："阿明，是我不好。"我说："让你不要吸、不要吸，你看你又进去了，我和倪老师再接你出来。"

纵然有时说话不好听，但其实对待那些复吸的人，我们都没有用异样的眼光看待他们。任何人复吸进戒毒所，只要他们回来能找我们康复同伴禁毒志愿者，就说明他的思想有了觉悟，我们都会竭尽所能给予支持。也许复吸是因为有别的困难，也许在戒断方面有些人的意志力确实比较薄弱，经不起诱惑，甚至还有些人觉得年纪小并不在意。但即使十个里面只有一个复吸被抓，不是还有九个是好的吗？这就是成功。

记得有一次又有一位同伴因为复吸进戒毒所。我们有个同伴就说："这个人进去了，以后不要再拉进来。"我就说："你说错了，这个门不是你开的。不让他来我们这里，让他去干吗？再走老路吗？连我们都不接受他，还有谁能接受？"

抛弃同伴我是绝对反对的，叶雄老师也很认同我的看法。复吸很常见，我们都是过来人，都能理解。我们不能因为一次复吸就彻底放弃一个人，没有人不想彻底戒断，但戒不掉又能怎么办呢？只要复吸的人能想到我们这个团队，想加入我们，就说明他们还是有转变，一个犯错的人只要想改正随时都可以重新开始。作为康复同伴禁毒志愿者，我们要做到理解、信任与支持，要给犯错误的人一个机会。我认为同伴教育就应该这样，每个人在我们团队里就像是找到了组织，认为这是一个能依靠、有归属的地方，这是最重要的。

同伴教育发展到现在，开展活动的条件已经比较好。有稳定的场地，有更专业的社工引导，每个活动都会有经费与补贴，活动内容也更加丰富专业……很多人想加入我们，而我们除了进戒毒所，还会去工厂、学校进行演讲，现身说法，给更多人提供鼓励、支持与引导。除了小型活动，我们还参加大型国家活动，在万国纪念会、进博会等活动中担任禁毒志愿者，接受领导人的慰问。

同伴教育已经举办许多期，我一直都参与其中。保持善心，清澈明朗。

“有枫的日子”——致伙伴的一封信

人生的数字

“18，40，77，600……”昨夜，我被这串简单的数字勾起了思绪，久久难眠。

昨天是我们华师大一附中七七届的校友聚会，老师同学悉数到场，欢聚一堂，18个班级，600多名学生，40年的师生情，全部浓缩在这一串人生的数字长河里。看着这些数字，我一阵恍惚，原来我已经走过了人生的半程旅途。

半生回顾，从少不更事的稚嫩，到年少轻狂的傲气，再到现在慢慢步入温馨和睦的家庭乐趣中，感慨万千。说心里话，学生时代的我并不是一个品学兼优、听话乖巧的学生，老师们无一不感到头痛，反而在经历了社会层层历练之后，现在的我让老师和同学们刮目相看。

当看到曾经在课堂上一头青丝的老师们头发花白，我才真正感受到岁月真实存在的印记。我愿以现有的这串人生数字为起点，续写更多精彩有纪念意义的故事。感恩老师们的教导，感恩同学们的陪伴！

（曾于2020年1月2日发表）

千帆过尽，余生不悔

坚持，

就是生命。

只要坚持，

就没有做不到的事。

每个人都有潜能，

等某一天为生活所逼，

一切也都能做到！

如果我没有这段经历，

可能我现在过着安逸的生活，

也许没有那么多感悟。

为什么？

只有经历过，

才懂得珍惜现在的每一天！

【基本信息】

昵称：雪芩姐　　性别：女　　学历：高中

就业：退休

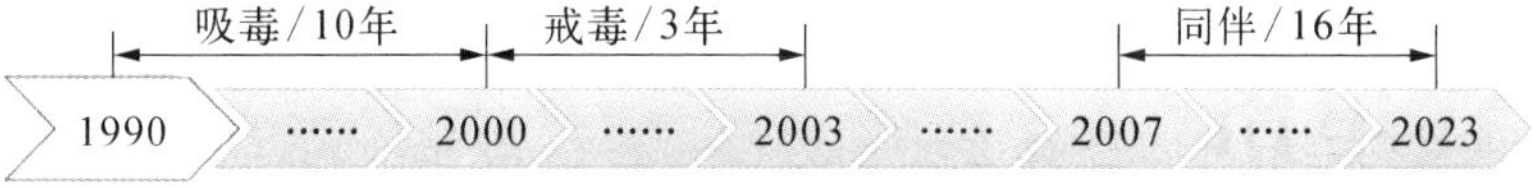

年份(截至2023年)

我的生命历程

【吸毒】1990—2000年

1990年　不知情

1990年，朋友在我不知情的情况下，把毒品放在香烟里。刚开始，我只是觉得这个香烟特别好抽。几个月后，朋友告诉我："这烟里有白粉。"

就这样，在不知情的情况下我接触了毒品。那时候，我对毒品的认识比较少，基本上没什么概念。就是觉得香烟的口感挺好，我想反正我有钱，没关系。

这样一接触就是整整十年……

接触毒品后，我的生活发生了变化。海洛因让吸毒者变得颓废，神经麻木，懒得出门，只有想要毒品的时候才会出门。如果家里有毒品，我可能就一步都不想出门。我慢慢地沉寂在这种状态里，整个人禁闭起来，生意也不想打理，事业也就慢慢地没有了。我开始啃老本。当时，毒品价钱比较贵，我每天围着毒品转。想办法去银行取钱，拿了钱就去买毒品，买好立刻回家吸食。这样一路下来，生意垮了，房子和车子卖了。我怕爸妈担心，瞒着他们，直到我被抓，他们才知道。

我身边没有相对亲近的朋友来劝阻我。接触到那个圈子后，大家都做着同样的事，没有人告诉我吸毒是好是坏。朋友也分好坏，让我吸毒的人，肯定是有他的目的。当时单身又有钱的我可以买入大量毒品，可惜没有朋友劝阻我。

1998年　没有一点害怕

1998年，我开始贩毒。吸毒后，我钱不多了，甚至可以说没钱了，心想：钱全用完也不行。所以，在还剩一点钱的时候，我开始贩毒。从始至终，我没有一点害怕，也从未想过会被抓。交易的时候大大方方，对方给钱，我给货。

直到被抓的那天，我才后知后觉：这是要被抓的呀！究其原因，20世纪90年代末的时候，戒毒宣传的力度没有现在大，我对毒品的认知度比较低。

【戒毒】2000—2003年

2000年　想很多

2000年11月1日，天气很冷，我被拘捕了。那天一早，我爸爸打电话给我说："你哪一天有空过来？帮我换被子吧！我盖毛毯快要被冻死了。”我说:“好的。”但我没回家,只管自己抽大烟,说白了就是没心思照顾他们。我做的是幕后,从不亲自出面交易。别人要货,马仔送货。那天的马仔我比较熟,他要货,我就顺便把货带给他。我不知道他已经被警察控制,他在马路对面给我使眼色,示意让我走,但因为没接触过这个场景,我看不懂。于是,警察从马路对面冲过来,把我抓了。

从 11 月 1 日进看守所开始,我就逼自己洗冷水澡。那会儿天气已经开始变冷,整个冬天过去后,我告诉自己:只要在里面一天,我不管到哪里,哪怕是睡着的情况下,也要让自己保持清醒。从看守所开始,我就要求自己:不再让自己睡着。

戒断过程中,我没有出现反复的情况。贩毒时,我没有想那么多问题。可一旦被抓,问题全部显现出来了,所思所想都是家产没了,车卖了,房卖了,我以后该怎么办呢?然后是觉得对不起家人。家里老的老,小的小,都等着我照顾;在里面,还要靠我爸妈的退休金,让他们为我准备生活费。

我戒断的生理反应持续三五天就没了,最严重的时候顶多是流点眼泪、鼻涕而已。我没有那么多痛苦的经历,不像其他人百爪挠心般难受。我想可能是我还没上瘾到那种程度吧。很多人吸毒吸得牙齿都没了,而我的牙齿依然坚挺。

在所里,我想了很多。首先想到的是以后不能再吸毒。人若是从高处跌到谷底,内心的悲哀可想而知。这辈子都不想再回忆起来……

2001 年　坚定的信念

2001 年 4 月，我被押解到女所。看到所里的环境，我就告诉自己：每天只允许自己睡两小时，这两小时还不能完全沉睡，我要惩罚自己，就这样撑了下来！

看守所里不需要劳动，我拿着父母的钱，在里面买吃的、买喝的，没有事情干。女所就不同，从早上 4 点左右起床干活，一直干到晚上 12 点左右，就像大家说的从“鸡叫”做到“鬼叫”。即便如此，我依然会思考许多问题。我想着，以后还要生活，原有的一切已经失去，我不可能用爸妈的退休金去碰毒品，于是更坚定自己不可以再去碰毒品的信念。就那样，我在女所服刑期间把毒品戒掉了，在三年中不断坚定自己的信念。

【同伴教育】2007 至今

2003 年　明明白白

2003 年 8 月，我是提前两个月释放的，在家封闭了四个月，之后开始陆陆续续地找了几份工作。

从女所出来，我就想得明明白白。我不仅不会再沾毒品，并且下定决心，走出牢门后，所有以前的毒友，坚决不再来往。即使有人找上门来，我也不会接受，包括别人说请我吃饭也好，为我接风也好，全都不接受。

2004 年　卖力工作

2004 年 1 月，我找的第一份工作是做居家保姆。做这份工作有两个原因,一是为了生活,我能够挣点钱。依靠爸妈养我,他们也养得起,但我不想靠他们。二是我还没有做好接受社会指责的准备。所有邻居都知道我之前是做老板的,被他们指指点点的这种感觉不是我想要的。于是,我选择去封闭的环境帮别人带孩子,其他生活上的事情不用我负责。

10 月,上海市有三个区要成立居家养老中心。街道主任找到我:“居家养老这个工作还不错,能缴社保。”那年我 45 岁,再不缴纳社保,就享受不到退休金了。我说:“可以。”我当时想做那份工作,一是可以缴社保,二是想去体验一下我之前没有接触过的工作。这份工作需要上门服务,工资按时薪计算,当时每户家庭每月 50 元,到 2018 年 9 月,我一共做了 11 户家庭,从早到晚。

在做居家养老工作期间,我考了幼师的上岗证,周末会去中福会儿童艺术剧院兼职做生活老师。生活老师主要是管 20～25 个孩子,课间管他们吃喝拉撒,这份工作差不多做到了 2012 年。

2009 年,第四份工作是我在家门口开了个点心铺。但世博会时禁止在马路上、小区里乱设摊位,就撤掉了。

第五份工作是在设计装潢公司做保洁员,公司后来搬走了。公司当时在港汇广场 43 楼租了一间办公室,我就在那里负责打扫卫生。

总的来说,有时候我一周可能会做三四份工作。比如,保洁员的工作是早上七点钟上班。白天工作的时候,我可能穿得不会太体面,我就把自己想成一个白领,告诉自己要自信,工作只是分工不同,心态好最重要。到周六、周日，我就是生活老师，在孩子心目中就是一位老师。我做好本职工作，把孩子们照顾好，把老人们照顾好，把公司卫生做好，这些都是我的责任。

一直到2009年，我差不多每天只睡三小时，工作起来很卖力。

2007年　永远难忘

2007年7月20日，自强的孙安清理事长顶着来自各方的压力，与曹老师、傅老师及张老师，携手上海市同伴教育活动的十位同伴，做了一个主题为“今天，我们从这里起航”的启动仪式，正式开启同伴教育。

叶雄老师问我：“你来做康复同伴禁毒志愿者，好吗?”我说：“好的。”我要用我的实际行动帮助别人，把我的亲身经历告诉别人，让别人看到我能戒，为什么他不能戒? 让同伴影响另一个同伴，这就是我迈出的第一步。

开始时，我去的地方比较远。因为我觉得邻居多的地方，还是不要给别人知道的好，这样生活会自在一点。现在大家无意中知道我的事，都对我竖起大拇指，说：“你以前吸毒，现在生意做得这么好，而且毒都已经戒掉，真不容易!”

我带出来的一个同伴，离我家很近。他一直感恩于我。活动时，他会和我说：“雪芩姐，如果当时不是你那样带着我，我也走不到今天。”他现在状态很好，在做营业员，每月收入六七千。那个时候，我对他跟得蛮紧的。

至今，同伴们感谢我的眼神，我永远难忘!

我的生命故事

被宠着长大

我的家庭环境一直很好，也没有吃过什么苦。

我是爸妈领养的。在那个年代，一个孩子的家庭很少，我们家条件特别好。因为条件好，小时候我是被宠着长大的，一路也没吃过苦，我的工作、学习之路都比较顺。我原先在棉纺厂工作，是单位的正式职工。我们那个年代不需要招聘，高中毕业之后国家分配工作。我本来是顶替我妈，可我妈是钢铁厂女工。后来钢铁厂不招女工，我就去了纺织厂。改革开放后，我不顾爸妈的劝阻，辞职下海。

结婚后，我过得也很好，但是我先生身体不好，33 岁就离世了，我就带着两个儿子，从 30 岁守寡到现在。

生活上，我的打算很简单：退休后，有一份不多但够用的退休金，每月一千多一点点。现在我又开了个小店，每月有 1 万元左右的进账，日子已经很好过了。毕竟我是 60 多岁的人，对生活要求不高。生活上能吃饱，过得去就可以了。我图的就是安逸，觉得稳定的生活最是安逸。

我平时一个人在家喜欢看看书、看看新闻和看看现在流行的东西。

人不能脱离社会，一定要跟上社会节奏。

大家庭

当时康复同伴禁毒志愿者的活动没有现在这么多，我一边工作，一边参与同伴教育小组的活动。同伴教育小组的活动主要由叶雄老师负责。第一次同伴教育活动就是互相认识，介绍一下自己的人生经历。第二次活动内容就开始深入了，介绍自己对戒毒有什么想法或者打算……每次活动的内容不同。小组活动期间，有几位同伴正好戒毒三年。我们就组织了“我三岁啦！”主题活动，以鼓励他们更好地生活。

同伴就像是一个大家庭，外面不能说的话，回到这个家里可以畅所欲言。我们中间有一位小组成员已经和同伴共同走过了十年。因为夫妻间的小事，没有迈过那道坎儿，又断断续续吸了五年，最后被抓。他的经历对我们来说是一次警示，他和我一样是以贩养吸，量大的话会判刑三到七年。

在世界禁毒一百周年之际，我们同伴教育小组在浦东受到国际禁毒大使的会见，这件事情现在想来还是让人激动不已。这次会见一定程度上是肯定我们戒毒的成果，以及对社会的影响。上海在戒毒方面已然走在全国前列，康复同伴禁毒志愿者团队已有几百人，大家可以相互督促。

同伴教育真的带给我许多感动，团队的力量就是坚守。

小组成员并不固定，有时会邀请一些刚出所的人员参加。我后来深有体会的是与其让社工对他们说，不如由我们来说。社工说话比较抽象，而我们能够感同身受。他们的苦、他们的恼怒、他们所有的不高兴，可能我都经历过，但是社工没有亲身体会过。有人会说："戒毒嘛！为什么戒不了呢？就像戒烟一样，为什么会戒不掉呢？"我会说："那么多人在抽烟，说明戒烟肯定有难度，更不用说毒品了！对吧？"

戒毒难不难？其实不难，难就难在自己心里的那份坚持！有些人遇到事就破罐子破摔。"哎呀，我今天不高兴，我就弄点毒品吸一吸，睡一大觉。"或者像现在吸冰毒的人，可劲嗨，疯狂个三四天……但终归还是要回到现实。嗨过后，生活还是要回到原样，没有解决的问题还是没解决，反而又出现新的问题，陷入恶性循环。只有当自己真正体会到、经历过，才会坚定地说："不会再去碰那个东西。"

每一次活动我都会有感动。刚进小组，大概有五六次，每次我就只会哭。随着活动主题向深层延展，我能感受到，每个人说出来的东西，可能或多或少在我身上都会反映出来，有些东西真的刻骨铭心！

最大的考验

我印象最深的是进戒毒所的那个同伴阿桦。当时我们关系真的非常好，我对他心怀感恩。后来，他家里出了点问题，别人告诉我，他复吸了。

2009 年，本应是我退休的年龄。因为我被抓，工龄全没了，当时可以用钱去街道买回我 13 年的工龄，再加上后面 5 年在街道做钟点工的工龄，达到社保缴纳规定期限，我就可以退休了。阿桦知道我的想法后，当着我的面把他持有的好股票抛出，拿出一沓钱给我……

2013年，他家里碰到事，想和我聊聊。我到他家，看到桌子上放着冰毒和海洛因。我说："你别抽了，我心里难受。"我有种心痒难耐跨不过去的感觉。但他丝毫听不进劝。我对他说："我今天就陪着你。你今天抽好就别抽了。人总有要死的一天，你抽这个没底。"整整一星期，我白天去他家陪他，晚上回家。我也熬过了自己戒断后最难忘、难受的一个星期。

这对我而言也是一个巨大的考验，这之后就再没有什么我过不去的坎了。

坚守

我们区里戒毒的新人来了一批又一批，他们看到我光彩的一面，看到我能够成功地站上讲台，多少有些羡慕。

对于新加入的成员，我都要想一想：告诉他们什么呢？那就是："我的坚持成就了我现在的样子，那你的坚持肯定也会让你有像我这样的一天。"

通过同伴教育小组活动，我的进步很大，区里活动带得挺好。我想成为一种榜样力量，让他们看看我：雪芩姐，这十几年，活得越来越年轻、越来越好。

我们一季度活动一次，每季度人员都不相同。这种带教形式很好，有老的带新的来，也有社工带新人来。比如，1月的时候会把12月、1月和2月过生日的同伴请来，组织一次小型的团体活动。四五十个同伴聚在一起，先谈一谈碰到的困难和体会，再看一看社工和同伴间能不能予以帮助。然后，大家聚一聚，聊一聊戒毒到现在几年了，心理状态怎样。这些活动主要是想让那些刚从所里出来或者回归社会没多久的人，感受一下同伴的力量。我会告诉他们："我们来这个团队，希望能珍惜这个团队的荣誉。要告诫自己：我进这个团队就必须保持操守。"

逢年过节，市里、区里搞活动都令我期待，觉得收获满满。每次活动都会有很多朋友出席，看到我亲热地叫我雪芩姐，真的让我很满足，走的时候都会嘱咐我："雪芩姐，你要当心身体哦！"同伴间的情感真的很温暖。

这么多年，苦尽甘来，收获了许多，我尽力做好同伴教育活动。我对自己的要求是：一心一意带好到场同伴，尽心尽力做好每次活动。我和叶雄老师说："我们毕竟是老一批，要给市里新同伴一点榜样的力量。大型的活动需要我参与，我肯定会到场支持。"

我们区自强工作站的站长很看重我，每次都要让我给新人讲几句。我告诉他们："你愿意和我做朋友的话，我是 24 小时开机，你什么时候都可以来打扰我。你有困难的时候，就给我打电话，告诉我你有什么难处，我可以来帮助你。你们每个人生活情况不同，要想参与到我们这个团体，就必须把'操守'两个字刻在脑子里，时刻记得要对得起团队，因为团队就是你们的家。"

在区里康复同伴禁毒志愿者中，我像是一种无形的影响，他们看到我，看到我整个人的状态，对他们来说就是一种支持和坚守的力量。

“有枫的日子”——致伙伴的一封信

重生后的每一天

从地狱爬出的我，对重生的每一天都倍感珍惜。每天用辛勤的劳作充实自己，享受着人生的快乐。对于走过的那段不堪回首的日子，我铭记在心，时时提醒和告诫自己：不可忘却，不可重来。因为这种代价将用余生偿还。

走过这不平凡的十几年，其中的辛酸与苦楚只有自己慢慢体会。从开始被许多歧视的眼光盯着时的紧张不安，到现在能够从容地面对所有人，这中间付出的努力可想而知。我只有坚持，脚踏实地地走好每一天，那才对得起自己的良心。

自从走进同伴这个大家庭，我感受和体会到的是与之前不一样的东西。同伴间的和睦与真诚，相互间的支持和鼓励都让我备感亲切，我们需要有这样一个团队。

而这一切我最想要感谢的是我们的领头人——叶雄老师。是她用操守、真诚、付出给我们树立了坚持不懈的榜样。她为我们这个团队付出太多、太多，我为有这样的一位老师和朋友感到自豪。

（2017 年 7 月 20 日撰写）

认清自己

放下过往种种，

调整心态，

做好自己，

重新开始。

【基本信息】

昵称：阿芳　　性别：女　　学历：高中

工作：待业

年份(截至2023年)

我的生命历程

【吸毒】1985—2007 年

1985 年　没什么大不了

我很早就开始吸毒了。

1985 年，我到广州做生意。上海做生意的人来我这里批发衣服。他们在宾馆，我送货过去，就看到他们摊着毒品，在旁边吸。最初我也没说什么，次数多了，总是看他们那样，就说："你们不要弄了。"他们说："戒不掉啊！"我就想尝试一下：怎么会戒不掉呢？我自认是个大胆、有好奇心、很有毅力的人。不可能上瘾啊！我就去尝试了。第一次吃的是摇头丸，后来改吸吗啡。我把吗啡放在香烟里吸，别人只当我是在抽烟。刚吸的时候，我觉得吸毒没什么大不了的。我一个人在广州，没结婚，也不用担心有人知道。

1987 年　"预防针"

1987 年，过了大概一年多，我就不吸了。当时我生意比较忙，没有时间想着吸毒,频率并不高。没过多久,我结婚了。我丈夫是香港人,一开始他并不知道我吸毒,知道后劝我:“别弄了! 吸毒很多问题的……”他说的我都明白,于是我说:“你不用说了,我都知道,明白的。”我吸毒前认识的广州干妈也是这么说:“你随便做什么事都可以,就是不要吸毒!”他们都对我早早地打了“预防针”!

我明知毒很难戒,可还是因为胆大、好奇去尝试了。

1988 年　不担心

1988 年,我女儿出生。因为吸食吗啡量很少,加之前一年没有吸毒,所以我并不担心毒品对我女儿的影响。不久,我和丈夫回到上海。

1989 年　不能自拔

1989 年,我赌博时又遇到那帮上海生意人,于是我又开始吸毒。自此不能自拔。我主动提出离婚,丈夫不肯,说:“为了孩子,我们不要离婚。离婚后,她就生活在单亲家庭了。”我们开始分居,他每月寄钱来,给女儿付生活费。

我好赌,在广州时就赌博,戒毒时就把赌博也戒了。

【戒毒】1991—2012 年

2000 年　浑浑噩噩

2000 年,我第一次被抓去强制戒毒。那之前我也被抓过两次,但那时候我爸爸可以花钱把我弄出来。所以,我一共进去过五次,每次时间都不长。我总是浑浑噩噩的,混一天算一天,出来后马上又吸。

第二次强制戒毒被抓时，我的社工陈慧老师来看我，问："你答应我不碰海洛因，为什么又吸了？"我说："我答应你不碰海洛因，但我没说我永远不吸毒。这点你要搞清楚！"她说："你给我上了一课。"

2007 年　认清

第三次从所里出来，社工陈老师、街道禁毒办、街道居委会、警察和我女儿都来接我……

我觉得这样反反复复的主要原因是贪玩，认不清自己。以前我总以为混得好，生意做得好，有钱。我赚的钱自己随便花，别人管不着。随着年纪增大，我认清了自己，我想重新开始，也终于知道什么是亲情、友情，因此想要报恩。

【同伴教育】2009 至今

2009 年　被感动

2009 年，他们叫我参加第一次同伴教育活动，我不肯去。当时，我已经在我弟弟公司上班。社工陈老师给我打来电话，我拒绝："我上班很忙啊！"她说："你过来坐一坐，十分钟也好。"没办法，我只能去参加。进去时，看到很多认识的人，我眉头紧皱，心里很烦躁。他们主动来和我打招呼。叶雄老师说："阿芳，你这个鞋子蛮好看的。"我说"打折的！"（语气很不好）她没接话，过一会儿又说："你这件衣服也好看。"我说："还可以。"叶雄老师很会聊天。但我身上好像长刺一样，别人和我说话都要小心翼翼。第一次就这样过去了，没有感动！

第二次,我没去,我生病了。但是,我没想到社工陈老师和同伴们带着蛋糕、水果来我家帮我过生日,这次我被感动了！我真的吃不消陈老师,她做事有一套,对每个人都这样关心,对我的关心又特别多一些。这次之后,所有的同伴教育活动我都会参加。

2011 年　感恩

2011 年,我参加同伴教育活动近两年时查出患了宫颈癌。叶雄老师活动时告诉了大家,他们每个人都给我写祝福卡。很多区里的同伴,还有其他区的同伴,都来医院看我,每天都来陪伴我。我的病房每天都很热闹。康复后,我在活动中遇到他们,就会想起他们之前来看过我,我对他们每个人都再次表达了感谢。

人就这样变得会感恩了。后来,别的同伴有什么事,我会自己或者带着其他同伴及时去探望。同伴教育活动的形式真的非常好。可惜有的家长不同意他的孩子参加我们的活动。之前,我遇到过这样的家长,她拉着女儿指着我说:“她很坏的,不要跟着她活动……”她觉得我好像是个社会混混。

其实,我生病那段时间疼到走不动路,有人劝我吸一口。我说:“不用。”如果伤口发炎不好,那我不就毁了吗? 我好不容易熬到现在。

2012 年　变得更好

2012 年,我成为康复同伴禁毒志愿者。社区康复的三年,我都在参加同伴教育活动。三年后,我成为康复同伴禁毒志愿者。

刚开始小组让我做康复同伴禁毒志愿者,我不肯出来,我只想管好自己。叶雄老师对我说："阿芳，我看你跟别的同伴不一样，你对自己要更严格。"我当然希望自己能变得更好、更强大。我想，平时我总是被别人说是外面的混混，如果我都能变，为什么他们不能呢？如果他们不能，那我可以做榜样，帮他们变得更好。同时，我也希望多些人戒毒成功，再次回归社会。就这样，我做了康复同伴禁毒志愿者。

我花了许多时间参与康复同伴禁毒志愿者工作。有人问："你整天这样（做康复同伴禁毒志愿者），家里也不管。怎么行？"我说："我都安排好的。丈夫不用我管，我只要管好我女儿、三条狗就可以了。"我家里人都支持我成为康复同伴禁毒志愿者，特别是我弟弟。

我有一个好闺蜜晓荷，一个好朋友小明。小明戒毒马上五年了，我盯着他："你有没有再吸？肯定吸过了！"他说："没有，没有，真的没有，不可能。"晓荷戒毒快两年了。我问她："你有没有再吸？"她说："没有。"他们两个又问我："你有没有再吸？"我说："我不可能，我要是再吸，就不会当康复同伴禁毒志愿者了。"

做康复同伴禁毒志愿者，帮助别人的同时也改变了我。帮助别人越多，我自己改变得越多。对我有好处的事情，我就去做。做康复同伴禁毒志愿者是很有压力的，自己绝对不能再吸毒了，所以我一直坚持到现在。

2018 年　走好每一天

2018 年，我被评上个人禁毒志愿者奖。别人拿的都是集体奖，我拿的是个人奖。这个是市级荣誉，网上可以查到我的名字。电视台过来拍有关禁毒志愿者的片子，好多人一起，最后给了我一个大特写。电视滚动播放的时候,我还在想:咦!这人怎么这么像我?再一看,真的是我!

现在我自己做点生意,我女儿工作后每月给我一点钱,我弟弟也会给我一点。我还办了一个低保,刚刚拿了一个月,生活变得更好了。

从吸毒、戒毒、参加同伴教育活动、成为康复同伴禁毒志愿者到现在,我的变化真的很大。他们都说:"你好了不起!真厉害!你毒吸成那样,能改变到现在这样。不但自己改变,还要帮助别人,你真了不起!"还有人和我说:"你很了不起,我们做不到。"当然也有人说:"你为什么要去管别人(做康复同伴禁毒志愿者)?你脑子有病啊!"我说:"我喜欢,你不要烦。"在别人不理解我的时候,我会感到低落。但我这个人脾气就是不解释,我没做错解释什么!他们以后会知道,最后会和我说对不起。

曾经的我已经翻篇,现在的我要过好每一天!

我的生命故事

一半功劳

我最后能戒毒成功,我爸爸有一半功劳。

为什么呢?

我最后一次出所,一到家,我就看到爸爸做了一桌好菜。真的,一桌好菜都是我喜欢吃的。一只很大的龙虾,我爸爸为了装下它,特意问别人店里借的盘子。还有大闸蟹、鸡鸭鱼肉，配一瓶红酒……整整一桌子的好菜。一开始，我并不知道这是爸爸为我做的，我问："我们家请客吗？谁来啊？"我女儿说："不是请客。是爷爷（我女儿叫我爸爸为爷爷）为了你，准备了三天。爷爷还特意叫舅舅到批发市场去买海鲜，让别人加工好。"这个时候我才仔细地看向我爸爸……我爸爸怎么这么老了？我问："爸爸，你怎么这么老了？"我女儿回答："爷爷年纪大了！"那年，我爸爸 82 岁，我女儿 22 岁大学刚毕业。她继续说道："妈妈，你以后再这样，我会把钱打给你，但我不会来看你，我以后要上班了。"

其实，那次回来我就不吸毒了。我爸爸非常高兴，我还帮他洗了澡。以前我从来不做家务，碗都不会洗。后来我挑起家里重担，开始懂得感恩。爸爸生病时，我照顾他八年，他在前几年过世了，我没有留下什么遗憾。

另一半功劳

我戒毒成功的另一半功劳要给社工陈老师。她是我的社工，我们已经认识十几年。我骂她，她要么很耐心地劝导，要么就笑。陈老师一直都在帮我解决困难。我一说什么没有，她就马上帮我去弄。我说："我现在是黑户，没有档案。我去街道办事不方便。"她听后，马上到我之前读书的华师大附中查询我的档案，到派出所帮我落实户口。这事说起来简单，做起来很难。又比如，她坚持要我体检。我说："我几年前体检过……"她说："体检过也要体检。"她还专门派人来接我。正是这次体检，我查出患有宫颈癌。陈老师在不知晓我病情的时候还疑惑地问:“医生为什么叫你复查？你身体那么好。”我告诉她:“医生怀疑我有癌症。”她说:“不可能吧,你其他指标那么好,怎么会有癌症呢?”我说:“遗传吧!”她陪我复查,去了两次,结果还是不好,显示是癌症。确诊后,陈老师联系妇联,帮我办了医疗保险,可以报销90%的费用。她拿着办好的保险单来找我,我深知这不是动动嘴皮子就能办到的事,走程序很麻烦,因此我非常感动。

她真是一位好社工,她的真诚和努力感动了我,人都是有感情的,都是会感恩的。我现在和她关系很好。她平时很忙,虽然我们碰面不多,但彼此相知相交。

喜欢公益

我还记得我第一次去敬老院,是社工陈老师组织带我们过去的。我还开玩笑地说:“你脑子有毛病啊,怎么带我们去那个地方?”结果,来到敬老院后,我是最活跃的人。事实上我很喜欢老人和孩子,和他们一起唱歌跳舞,我觉得很有意思。公益活动结束后,我不愿离开。我和院长说:“以后我一定还会来的,过年我也来一次。”陈老师听后说:“我和你一起来。”我说:“好。”参加同伴教育活动后,我才发现原来我喜欢公益。

那年过年,我们两人买了蛋糕,送去敬老院。我觉得这些老人应该得到我们的帮助,因为他们有的没有子女,有的子女离得远,有的子女不关心他们,志愿者应该给他们送去关心。我还想,我们吸毒的人都有人帮助,老人更应该得到帮助。老人很可怜,他们都是老小孩。

去敬老院的公益活动，我一直坚持到现在。后来，我还去过阳光之家。阳光之家的孩子是残障儿童，我喜欢叫他们阳光宝贝。叶雄老师组织的关爱患儿活动我也去过两次。我还想去寺庙里做志愿者，我和叶雄老师说了之后，她很快就带我们一起去寺庙，让我们帮忙发菜、洗菜、洗碗。

做公益，不一定要规模很大。一次，有个小孩要写一篇文章《记暑假做的一件好事》，他妈妈找到我。我说："暑假可以做的好事很多啊！可以让你儿子去敬老院，或者在小区里捡烟头。"他妈妈说："啊？叫我儿子捡烟头？"我说："这是最好的活动！"他妈妈不信。我和她说："你别去，我和你儿子两人去。"我就叫上她儿子，他又叫上一帮同学，整个班级的人都来了，我吓了一跳。没办法，我就只能带着他们出发。我给每个人做一个捡香烟的工具，并发一个袋子，还教他们怎么捡。有的小孩很大方，马上就开始捡烟头；有的小孩就不愿意……我就告诉他们："你们不是在捡垃圾，是在做好事，回家后还要和爸爸们说不要乱扔烟头，要做宣传，这样你们就做了两件好事。"他们听后，开心坏了，开始抢（烟头）。"我捡烟头多少多少个！""阿姨，我最多……"我认真记下他们每个人捡的数量，这是种鼓励。我说："你们老师来问的话，我会和他说的。你们自己也记住自己捡了多少哦！"之后，我还带他们去敬老院，他们用手机拍照记录活动。老师都很好奇，问："这是谁带你们去做的活动？怎么会有这么好的效果？我都想找她，她怎么会有这么好的主意能带动我们那么多人做志愿者！"老师通过家长找到我，我说："不用找我，这是我应该做的！我是为他们好,他们以后会越来越好。”

我觉得去叶雄老师那里参加同伴教育活动,也是在做公益。我是召集人,但我不拿工资,不参与机构事务。他们有时候会觉得不好意思,我说:“你们不要觉得不好意思,我这样自在,喜欢最重要。我知道我参加活动的目的是什么,我现在在做什么。我不是为了钱而做,是为了自己开心、做公益回报社会,我是带着感恩的心来做的。”

同伴们爱称我为“村长”。他们说:“村长,你做得这么辛苦,钱也没有,这些事情关你什么事?”我说:“不是这样的,我做事不是为了别人,是为了我们,为了我们这帮人。”康复同伴禁毒志愿者与同伴是一群都不容易的人,我就希望同伴这个大家庭越来越好。

起初,我觉得像我这样的人怎么可能去帮助别人呢!我自己都需要别人的帮助,参加了这些公益活动后我才知道,无论出不出钱,我都可以帮到别人。

十年

同伴每一次的十年活动都让我很感动。

十年活动,主题是为戒毒康复成功十年的同伴举行庆生会。这是协会和自强联合举办的,聚会隆重而热烈,并给这些同伴送上一份纪念品,同伴们一起参加仪式,大家非常开心,又有一个十年了!一批批的十年,每次有一个人达到十年,我都很感动。我感动的是他们熬出来了,已经十年了,他们能在社会的偏见和歧视下坚持下来,能参加这么多活动,他们都不容易。

2018 年,是我的十年!在我的期待中,终于轮到我了!

印象深刻

每一位牵手的同伴我都印象深刻！

我牵手的五位同伴举行了三次正规的牵手仪式。第一次牵手一人，第二次和第三次分别牵手两人。按规定，康复同伴禁毒志愿者每个月要与牵手的同伴至少见面一次，电话问候两次。但我远远不止，我是一周至少两次电话，我劝他们不要吸毒，也关心他们。大多数时候，我们会约在一个地方见面。有一次，我去和同伴见面，那天天气很冷，下着雪，我就让晓荷开电瓶车带我过去。十多分钟的车程，雪越来越大，很冷。我不敢出声，因为晓荷开车在前面也没说冷，我在后面就更不能说。

我第一次牵手的同伴是杨浦区的小顾。我们现在依然保持联系。他很理解我，会过来与我见面。我们每次碰面都很开心，有时候我会送点小礼物给他儿子。第二位同伴每次看到其他同伴都会说："我很感恩阿芳姐。她在我最无助的时候去看我，给我很多支持……"他说的那次是他哥哥车祸住院，他在医院里陪他哥哥。他在电话里说："姐，我心情不好。"我就马上过去陪他，也就是抽一支烟的工夫，他的心情就好了。我们平时很聊得来。他比我小，我说："现在我是姐姐，你是弟弟。我们是姐弟关系，我就是你的家人。有什么事你就告诉我，别客气。我办得到，就帮你；办不到，我就想办法。"他说："好的。"第三位同伴是我们街道的，牵手时她在所里。我们的联系方式是写信。写信写到她出来之后，我又牵手她 3 年多。

我牵手岚岚的时候，社工打电话过来，同伴也打电话过来，都和我说:“你不要牵她哦!”我问:“为什么?”他们说:“她脾气不好,不懂得感恩。”我这人也怪,这么多人说不要牵她,我就非要牵! 他们说:“如果你牵她,会把自己的心态弄崩的。”我说:“不要紧,我一定要牵她。”在之后牵手的三年里,她一直都很好,没有吸毒。我和她说:“所有人都说你改不好,哪怕你不给我面子,也要给你自己一个交代。”自从她刚从戒毒所出来,我就一直盯着她。每天晚上,我让她出来陪我遛狗。我们住得很近,一般是我到她那边去。遛狗的时候就是聊天。有时,我会和她说:“谁谁谁又进去了……”有时会说:“你现在多好!你爸妈也开心,你自己也开心。如果再吸毒,有意义吗? 毕竟你们年龄都大了。”她说:“对对对,知道了,知道了!”这样持续大概一个多月,毕竟她刚出来,情况不稳定,所以我要看着她,不让她再吸毒。我们反复吸过毒的人都知道,回来的第一个月一定要盯住,不然很容易复吸,走上弯路。

还有一位牵手同伴,我们互相写了 18 个月的信。本来我有点顾虑,不想成为她的康复同伴禁毒志愿者,不想写信给她。因为我看到她的文凭,和她写出来的文字,水平远远高于我。我没文凭,怕带不好她。但最后,我还是成为她的康复同伴禁毒志愿者。我在信里向她介绍我是一个怎样的人,我和她说:“我的字不好看,你的字比我写得好看,你比我聪明。”我们信里有很多内容可以写,逢年过节,我还给她寄明信片。我说:“我多给你写信,可以成为你的一个寄托。看一封信,被关的时间就少一个月。你要坚持!”我基本上一个月给她写一封信,有时还不止。她回信也很频繁。我就想: 她怎么会有这么多时间写信？后来才搞清楚，她值夜班，每天晚上没事干，睡不着，就给我回信。现在，她和我关系很好，我们平时保持联系，她还管我叫“妈”。

我牵手的同伴，到现在都一直保持着联系。

学到很多

我在团队中学到很多东西。

团队开展的社工培训，我常去听课。我最先学到的是包容，后来是沟通和帮人的技巧，以及怎样自我防范（不让自己吸毒）。很多人以前不肯出来，或者有的是爸妈不让来，我就用学到的方法一叫他们就来了。为什么？不是我人缘好，这是有技巧的。比如，我打电话请人参加活动，我会说：“我们有个活动……你看看我们以前的活动，很有意思的。”我会把照片传过去，和他说这是谁那是谁，先介绍一下。然后强调：“我们很开心，晚上可以一起吃饭，AA 制。有时候我们也会出去玩。”根据每个人的特点来吸引他，让他觉得：“蛮有劲的嘛！我过来吧！”一过来他就离不开了。

虽然我文化程度不高，但是很多知识我一看就懂，这是我的一个特点。另外，我听过的知识都会应用在实践中。我每天睡觉前会捋一遍当天做的事情，反思自己是不是哪里做得不对，或者做错了，以后遇到应该怎样处理。我觉得自己现在年龄大了，心智成熟了，不再像以前那么刺头了。

我现在的生活主要都围绕着康复同伴禁毒志愿者，大多数朋友都是戒毒的。通常他们有什么事都来找我，我就开导他们，说说笑笑,事情就这样过去了。家里事也会找我,我就像他们的大姐姐一样。我说:“我没有做什么事,就是朋友。”但在别人眼里,我就是在做事。他们什么事都很喜欢和我分享,好事、坏事都和我说。我脾气不好,但我有爱心,能分清楚好坏,能包容别人的缺点,多看别人的优点。

我希望我身边的人都好,不要人不像人,鬼不像鬼。我会和牵手同伴相互鼓励。比如,我和晓荷说:“晓荷,你要去读书,多学点东西。”她说:“我行吗?”我就说:“当然行。”多鼓励,那她就会好起来。

同伴教育,让我学到很多。

“有枫的日子”——致伙伴的一封信

烈火无情,英雄无畏

之前,女儿陪我看电影《烈火英雄》,影片讲述消防员战士在面临特大火灾时英勇奋战的故事,这部电影不仅反映消防员战士的坚毅与勇敢,更体现了新时代青年的担当精神。“烈火无情,英雄无畏。”消防员作为和平年代最危险的职业带给我们的感动太多太多,每年都有数十名消防战士葬身火海,英勇献身。影片主角徐小斌是位年轻的消防战士,只有 25 岁的他才刚结婚,还未来得及和新娘拍完婚纱照就在执行灭火救人的任务中牺牲了。很多消防员战士平时因为要执行任务,和家人的沟通难免会较少,甚至因为长期不沟通,矛盾越来越严重,其实他们可能有无数次想要对家里人说一些心里话,但总是不知道如何开口，这一点我是能感同身受的。

看完这部电影我内心久久不能平静。人人都希望“好人好梦”，祈祷“一生平安”，但谁也阻挡不了天灾人祸，世事无常。当消防车出动时，当警笛声鸣响时，消防战士心中就会升腾起一份职责与忠诚。

作为一名消防战士，再高的火焰，也阻挡不了云梯上的攀缘；再大的困难，也抵挡不了人生的信仰。既然选择这份职业，既然投身于消防事业，他们勇敢地承担起保护国家财产不受损失，为人民生命财产安全而牺牲的责任，无怨无悔，不辜负党和人民的期望。虽是血肉之躯，却也无惧无畏，虽有生命危险，决然义无反顾，这就是英雄。英雄的身躯虽已牺牲，英魂却在烈火中永生。

（曾于 2019 年 10 月 8 日发表）

我的后半生很幸运

最想和正在戒毒的同伴说：

毒难戒，

但毒必戒！

愿你们和我一样今生今世都不再碰毒。

祝你们和我一样幸运！

珍爱生命，

永远幸福快乐地生活。

【基本信息】

昵称：菁菁　　性别：女　　学历：高中

工作：退休

年份(截至2023年)

我的生命历程

【吸毒】1989—2002 年

1989 年　五脏六腑都要吐出来了

1989 年，我已经毕业上班，一心只想着玩。但是那个年代也没什么东西好玩。

我记得是在一个炎热的夏天，隔壁同龄的女孩从深圳回来，到我家吹空调。20 世纪 90 年代，有空调的家庭屈指可数，我家是上海老式石库门房子，条件算比较好的。正巧，我爸妈都去了外地，家里只有我一个。两个人待到晚上，她开始在我家吸毒。我问她："你吸的是什么呀？"她说："这是对女人身体好的、补身体的'东西'，你也来吸一口！""那你给我尝尝。"吸完后，我突然觉得非常恶心，立即跑到我家天井的阴沟洞旁，吐得一塌糊涂。我感觉五脏六腑都要吐出来了！吐完后，我躺在家里的三人沙发上，一开始胃有点难受，慢慢地感到很舒服……第二天，她又来我家，我又吃了一口。我的反应和第一天一样，吃完后，跑去天井里吐得一塌糊涂。以至于后来，我吸毒时旁边总会放一个垃圾篓，吸一口吐一口。直到后来我才知道，我这样的反应是因为毒品吸干了我体内的水分。为此，我不怎么吃饭，吃什么吐什么，最多补充点水果。

第一次尝试时，我觉得毒品的滋味并不好，但是会上瘾。从我的经历不难看出，我就是社会上讲的那种一口成瘾的人。在那个年代那个年纪我真的不懂什么叫毒品。我只知道上课的时候学过鸦片战争，知道林则徐禁烟，知道鸦片，但并不知道海洛因是什么。我是真的没有这方面的知识，一点都没有。当时，连警察都不知道我们在吃什么东西。有一次，警察冲进来，他们问："你们在干什么?"我回答："我们在吃药，这是治咳嗽的药粉。"那时在上海根本就没几个人知道毒品。

起初是每天睡前吃一口，到后来，每天晚上要吃上两三口才能睡得着。自此，我每天脑子里想的都是毒品，尤其是夜幕降临的时候。直到很久之后，才有人告诉我："你吃的是毒品!"我才知道原来我在吸毒，一直吃的就是毒品海洛因。终于，我知道我自己在吸毒，不过并不知道这会对我的身体造成怎样的危害，心想：我每天吃几口无所谓的，下次戒掉就好了。

吸毒时间久了，人会变懒。我就是鲜明的例子。在那段灰暗的日子里，我就想每天躲在家里吸食毒品，什么事情都不想做，什么地方都不想去。除非实在没有办法，比如必须去拿货，我才出门。我们当中许多人是不会亲自拿货的，如果说两个人都吸食毒品，我会给他钱，让他去帮我拿货。拿货是一件很危险的事情，被抓到是要坐牢的。以前最好的货像子弹一样，一粒一粒的，只有到广州才能拿到。价格也很高，一克要 2 000 多元。像我刚吸毒时，一克毒品我能吸好几天。但随着吸的时间越来越长，我一天就能吸掉四五克。究其原因：一是我吸食量加大；二是原来的货质量好，后面的货质量变差了。我在家里又没事，从早吃到晚，吃了睡，睡了吃，吃到我穷得叮当响。

像我们首批吸食毒品的人，基本上家庭经济实力都比较雄厚。但到后来，我为了毒品，脸皮都不要了，有什么卖什么，我把我的房子和黄金都卖了。一套 8 000 元刚买来的衣服，穿两次，为了买毒品，1 000 元不到就卖给人家。

1993 年　再次成瘾

1993 年，一起吸毒的邻居女孩服刑四年回来了。她和我吸了一段时间后，因为贩毒被抓，判了九年。她运气好，提前释放。

她被抓后，我第一次主动停下来(不吸毒)，并结婚生子。可她一回来就找到我，我开始复吸。在儿子 28 个月的时候，我离婚了。离婚后，我带队走穴演出，挣钱多了，在别人的诱惑下我再次成瘾。每天晚上，我一定要吸上一两口才能安然入睡。

【戒毒】1997—2011 年

1997 年　真恨

1997 年，我第一次正式戒毒是在乌镇精神病院，里面有个自愿戒毒科室。治疗方法是睡眠疗法,但是并没有用。我住在二楼,底下就有毒贩。我先把钱吊下去,再把毒品吊上来。这样根本戒不掉,我去过五六次,都以失败告终。

有时候,我真恨毒品,因为吸到后面我没钱了,只能开始变卖东西。裘皮大衣、黄货(黄金)、房子等都卖掉了。我和第二个男朋友在一起九年多,还一起买了房子,但我们一直没有领结婚证,我不想害他,后来我对他说:"我实在戒不掉。你走吧!"最后,我只剩下爸妈留给我的石库门一间房。

2002 年 好笑

2002 年 4 月,我被强制戒毒,提前一个月三天出所。我能提前出所是因为我在所里政治大考的成绩优秀,每次大考基本在 95 分以上。说到日常表现,我是没有资格减刑的。虽然我日常表现还不错,但是违反纪律的条子开得也很多。

现在回头想想,我觉得挺好笑。该好好读书的时候我没有好好读书,进到所里却用功"读书",还获得提前一个月释放的奖励。我们第一批 15 个学员绝大多数都是外地人,没读过书,没什么文化。我算占了读过书、有点文化的便宜。

2004 年 下定决心

2004 年 3 月 4 日,从所里出来的第一天晚上,我和爸妈兄弟姐妹一起吃了顿团圆饭。第一天晚上我还很平静,第二天我就满脑子都是毒品。两年的"牢狱"生活虽苦却没有把我教育好,我的心瘾没戒掉。第二天,我就动脑筋怎么出去。我和爸妈说:"我想儿子了,我要去看看儿子。”我爸妈是很通情达理的人，就让我去了。因为常年吸毒，我没有正规朋友，只有毒友。看完儿子，我就跑到毒友家，打了一针……就此，我再次走上复吸的道路。

我天天溜出去接触毒友，根本没法戒毒。我弟弟一直苦口婆心地劝我。我知道自己一个快 40 岁的女人，已经一无所有。我就想回家最后再试一次……可是，没有经历过的人怎么会知道，那个东西怎么戒也戒不掉。它已经完完全全地占据我的脑袋，一天二十四小时。我不想儿子，也不想父母，只渴望它。哪怕只让我吸上一口也好。毒品用不着来勾引我，我会主动找上它。看见毒友，我会主动问她有没有货。为此，我弟弟把我送去郊区，把我关在那里，那地方我管它叫“乡下”，距离市区两小时左右的路程。虽然我称它为“乡下”，但其实生活设施很好，每天就看看碟片。可最终的结果还是和以前一样，戒毒失败。我没有办法与我的欲望抗衡——我从骨子里还在渴望毒品。

没过多久，我爸爸脑梗住院。当他躺在床上的时候，我还是在吸。同时，社工倪素芳老师一直陪伴着我，我很感动。

我真正的戒毒就是从那时候开始的：如果我再被抓进去三年，我的老父亲就会三年“没人管”。虽然我姐姐和弟弟肯定会管，而且管得比我好，但我心里过不去。为了偶尔吸一口再进去三年太不划算！还有就是社工倪老师，她不是我的亲人却胜似亲人，再进去对不住她每天来看我那么多次。有一位社工老师这样看得起我，一直鼓励我，那就是我活在这个世界上的勇气。最后，如果我还像以前那样天天吸毒，再进去三年是起码的。但我已经不怎么吸了，用上海话说就是“蘸酱油”(偶尔吸食)，非常难受的时候我才吸上一两口。这种情况下，再进去三年我感到非常不值。

那一刻，我下定决心戒毒！自 2004 年 5 月至今，我没有再吸过一口毒品。

【同伴教育】2011 年至今

2011 年　都会参加

2011 年，我第一次在自强接触康复同伴禁毒志愿者。是叶雄老师打电话叫我参加同伴教育活动，自此，基本上每一期活动我都会参加。

我印象最深的一次活动是有同伴父母和兄弟姐妹一起参加的一场大型联欢活动。这次活动很有意义，能把刚刚出所的人拉进这个团队。刚出所的人很难看到那么多曾经吸过毒的同伴，出所后能干干净净地把毒戒断，从而让他们认识到：毒难戒，但必须戒，可以戒。就像我进这个团队之前，我根本就不知道有人戒得了毒。这需要同伴之间相互支持、相互鼓励。像小安，她与我通信近两年。她出所后，找到了叶雄老师。现在的她是康复同伴禁毒志愿者团队骨干。像小红，她是我进戒毒所做小组活动的第一位牵手对象。她是独生女，四十多岁，已经差不多“六进宫”了。我调侃她说：“你这辈子就被这里粘住了！你来参加这个小组意义不大。”她说：“我想好啊！”出所后，她找到我，拿到同伴联系方法。我劝她加入我们，来看看这么多健康的同伴。同伴既是一种方向，也是一条出路。像小红这种刚出所的人，接触的都是毒友，正常人是不会理睬他们的。但是，如果她来到我们同伴团队，大家会像亲人一样对待她，不会去抓住某个弱点攻击，而是有困难大家一起克服。

同伴教育对我的戒断保持有着正向影响。我在帮助别人的同时，也帮助了我自己。每次活动我都告诉自己，不要再去碰毒品。每每看到他们出所的人，我就时刻提醒自己再也不要去碰毒品，这是我的心瘾。我始终认为，在帮助他人的前提下，我也真的在帮助自己。毒品的心瘾难戒，但我坚持住了。

2014 年　帮助

2014 年，我成为康复同伴禁毒志愿者。促使我这么做的原因正是我受过别人的帮助，别人也需要我的帮助。我的想法就这么简单。

我想在我力所能及的范围内帮助别人。我就一个要求：根据实际情况牵手同伴。比如，青浦的同伴要我牵手就不太可能，主要是路程太远，只能“煲煲电话粥”。如果是我们弄堂和单位里正好有几个人，我就能够实实在在地帮助他们。或者让我给女所写信，最好是年龄相仿的，这样就有话题可聊。如果去帮助一个十几岁的年轻小姑娘，我只能对她讲大道理。我不太了解她在想什么，很难帮助到她。

毕竟理论联系实际，才能最大限度地发挥同伴教育的作用。

2017 年　大不相同

2017 年，我隔壁邻居女孩再次因吸毒被抓。她第一次坐牢三年被释放,出来后又吸毒两年,因以贩养吸被判 12 年。好不容易前两年回家了,又因吸毒被抓进去。她 2014 年回来时,“溜冰”已经把脑神经毁掉了。其他认识的毒友,虽然只比我大几岁,但很多人得癌症已经去世了。所幸,我只得了丙肝、肝硬化和糖尿病,算是慢性病。

比起他们,由于我及时戒断,生活境遇大不相同!

2018 年 私心

2018 年,我被评为上海市优秀康复同伴禁毒志愿者,全市只有 12 人获奖。

刚开始我每年在所内外牵手 3～5 名同伴,到现在我已经牵手同伴近 70 人。我会和他们电话聊天,约见面或者吃饭。如果碰到什么事情,他们也会主动联系我。

这次我写信的对象小陈,曾是一名女教师。她是在学校里被抓的,在所里曾参加过曹霞老师的同伴小组。我只知道曹老师对她印象很好,她们都是大学生,有共同语言。小陈和我年龄差不多,离过两次婚,她刚出所的时候很迷茫,可以说什么都不懂。她是被男朋友带着吸食毒品,还去借高利贷、赌博等。在我看来,越是老实的人碰到这种事越是向往。她只要问我问题,我都乐意帮她解答。我们第一次见面就约在咖啡馆,现在我们是朋友。我说:“你有什么问题尽管来问我,可以随时随地打电话,一些问题不好问社工的你就来问我。”后来,她因为买房子向人家借了 10 万元的高利贷,最后却要还 30 万元。她找到我,我建议她去街道找社工,让社工帮助她链接资源，寻求街道的法律援助，自己不要擅自行动。她听我的话去找社工，社工再帮她找法律援助。只要能够帮人，我总是希望能帮一下。

我牵手的同伴基本上都已戒毒成功，到现在没有一个人因为复吸再进去。

还有一位印象比较深刻的牵手同伴叫小庆，他就住在我家弄堂里。他也是属于“蘸几口酱油”的那种。我和他说：“你房子马上要动迁了。如果你不在(被抓)，钱就统统给你姐姐了。你姐姐已经享受过动迁政策的好处，因为离婚回来空挂户口，假如说有 500 万，你姐姐最起码要分 250 万。如果你觉得没关系你就吸，你要是觉得不值得你就永远戒断。你觉得为了吸这个再进去值得吗？再说，连我都知道你吸毒，社会上还有谁不知道呢？不用多说，社工肯定知道，居委会肯定也知道，警察也都在盯着你呢！”我实事求是给他算了一笔账。我这番话对他也算是敲打提醒，他现在过得很好。退休后，他一个人在家，帮女儿做做饭、忙忙家务。

我想这也是一种成功。

我没有仔细想过成为康复同伴禁毒志愿者于我而言到底有什么样的意义。第一次是一切服从安排，等做的时间久了，我觉得我有点“私心”。我不管其他康复同伴禁毒志愿者带的人怎么样，我带的人一定要好。我的家人和朋友，对我成为康复同伴禁毒志愿者是非常支持的，包括我的爸妈、姐姐和弟弟都非常支持。

成为康复同伴禁毒志愿者后，我生活得更加充实。50 多岁的我至少还有点驱动力，我的生活还有目标，不像一些没有目标浑浑噩噩的人。通过康复同伴禁毒志愿者一系列的活动，我交到许多朋友。康复同伴禁毒志愿者虽然算不上是我的事业，但它是我目前实实在在想做的事情。

我现在生活很充实。尽管我有许多慢性疾病，但是我很开朗。我知道这几种慢性病，就是康复时间久一点，却不严重。如果非要说困难，那就是收入比较低，可我还能再找份工作呀！

我以前觉得自己前半生挺倒霉的，始终认为像我这样的人一辈子戒不掉毒了。没想到，后来得到这么多人帮助，社工还介绍我去上海南站工作。南站派出所的工作人员第一眼就看中我，于是我成为第一个签约的员工。我的牙齿还全部“健在”，长得也还算标准。我对未来的打算很简单，就是能够安安稳稳地过完下半辈子就好，在照顾好自己的前提下，尽量帮助我的同伴们。对于家庭和儿子我也会多一点照顾，弥补我曾经缺席的母亲角色。

我的生命故事

代价

在我们同伴团队中，有些人的牙齿因吸毒而受损，我的牙齿也不好。有次活动，我帮女所副所长送东西。打过招呼后，我们谈起吸毒，我给副所看我的牙齿，她说：“你这牙齿一看就是吸过毒的！”为此，我也去看过牙医。医生的建议是尽量自己咀嚼，等哪天真咬不动了再去装假牙。

因为吸毒，我的体重从120斤掉到不足80斤，整个人脸色极差，瘦得皮包骨头。白天，我躲在家里吸毒，不想见光。内心感觉我和人群是分隔的，我感到非常非常自卑，尤其是吸毒到落魄的时候。这种心情没有经历过的人是无法理解的。

我开始深刻地意识到吸毒的后果极其严重。我最后一年吸毒是静脉注射，现在我的身体状况不太好，肝硬化、丙肝、糖尿病等这些毛病都出来了。

这就是吸毒的代价！

海洛因就是我的"亲爹亲妈"

幸运的是，我家人对我真的很好，始终没有放弃我。

我爸妈知道我吸毒后，一直劝我不要再吸，从来都没有放弃过我。他们看劝我已经没用，就不再劝，随便我在家吃。他们的退休金高，我爸是离休干部。一小包毒品50元，那时我一天能吸掉十包。我爸妈看到这样的我已经有点怕了，但没有任何办法，只能让我自生自灭。

我的亲戚们极力劝我不要再吸毒，我这个人比较识相，就和亲戚们一直保持距离。就连我们家最重要的人——我舅舅、姨父去世，我妈都不让我去，不肯告诉我。吸毒时我的脸像鬼一样苍白，连爸妈都很排斥我，更不可能让我去亲戚家里。

我儿子也知道我吸毒的事，他劝我只要以后不再吸就可以了。吸毒这件事对我儿子的影响很大。小学时，他是区游泳队队员，上海市排名前八，被区里称为“蛙泳王子”。后来，他不游了，我知道是因为我，但他没说。吸毒的时候，我脑子根本想不到我儿子，想不到对他会造成什么恶劣的影响。

当时，我的认知世界里只有海洛因。海洛因就是我的“亲爹亲妈”！

败家子

改革开放初期，许多女孩都去深圳发展，很早就在社会上混了。我和她们不同，我还算是接受过正规教育、规规矩矩家里出来的孩子。

我是体校里的花剑运动员，重点中学毕业。我们当时高考填两个志愿，进不了就要调剂。我没掂量自己的斤两，志愿填得太高。上海的高校进不去，外地的高校又不想去，最后我就考入上海市虹口区粮食局工作了。

我的祖籍在山东，爷爷奶奶去世早，我爸爸九岁不到就到上海读书，是上海十大饭店之一的经理。我妈妈在外公外婆去世后，因为是随军户口，也来到上海，舅舅是舰队的政委，他是二万五千里长征的老红军，部队解放进的上海。我阿姨是中国共产党地下党员，上海解放后在罐头厂任职，做到保卫科科长，现在已经去世；姨父曾是野战军的军人，他们夫妻两人一起来的上海。我哥隶属南京部队，执行任务给百姓挖井，他腰上系绳子下井救战士，没想到拉上来的时候绳子断了，他奋力托起战士，自己掉下去牺牲了，由此被追认为烈士。我小哥也在越南自卫反击战中荣立二等功。

我们家就出了我这一个败家子！

由于我吸毒，我爸妈离婚了，过早地离开人世。2015 年，连最后照顾我的弟弟也猝死离开了，现在我只有一个姐姐。以前我吸食毒品，到最后实在没钱了，我就问爸妈要。爸妈把他们的积蓄全给了我，不够的话我就再问别人借，当然也有别人向我借钱。吸到后来人不像人鬼不像鬼！

想当初，我也是蛮有出息的，但毒品把我给害惨了。

连续 100 天

我是第一批在所里签订保证书的人。当时所里领导表示，如果我想要提前出所就必须签保证书。这个保证书要求我出所后要第一时间和社工联系。依据我当时的知识水平，我对社工的概念来自录像带里看到的香港社工。香港社工都和警察有联系，于是我就拒绝签保证书。然而，所里规定出所一定要联系帮教社工，不签保证书不能提前出所。为了提前释放，我签了保证书。我当时的心理就是：哪怕只提前一天，我也要签。早一分钟出去呼吸自由空气对我而言都是一种幸福……

出所后，社工联系了我几次，我都没接她电话。幸运的是，我的社工人非常好。她是上海市优秀社工，比我大十几岁，相貌非常端正，人看上去也很和蔼，我称她为倪老师。她是第一批社工，听过叶雄老师的课，毕竟社工是要接触吸毒人员的。如果她不懂如何和吸毒人员打交道，她就没法做社工。

她是一个聪明的社工，本事也非常大。她很好地利用我的资源——通过我爸妈找到我。我爸妈为了我的事情,最后离婚了。现在回忆起来,我吸毒让他们脸面无光,在石库门弄堂里怎么生活?后来,我妈妈住到江湾镇的公房,我父亲也搬出去了。倪老师联系到我妈妈。她知道无论我在外面怎样,我都会和爸妈联系。她多次通过我爸妈和我约定见面时间,我也就答应了。我心想:我一定要在不吸食毒品的状态下去跟她见面。为此,我大概戒断了十几天,然后如约与她见面。第一次见面我对她印象真的很好,她给人的感觉就是典型的"上海淑女",不像我长得又高又大,给人感觉很粗糙。她系统地解释了社工与警察之间的关系。我也是个聪明人,一听就懂,和她交往我就放心了。以前不了解的时候,我防她像防敌人一样。

在倪老师的帮助下,我回到石库门的家里再一次戒毒。我所在的街道有许多吸毒的人,我弟弟不让我出门。倪老师知道我每天日子很难熬,尤其是开始戒毒的一百天。她连续一百天每天都来我家里和我讲讲话、送吃的……那段时间真的很难熬,戒毒也很难。吸了那么多年,一上来就不吸是不可能、不现实的。我根本就不相信我能戒毒,我对自己一点信心都没有。

倪老师的办公室在我家附近。她每天早上都坚持到我家来敲门,她一定要看看我是否在家。回想起那段时间,非常艰苦。我不会做饭,每天三顿饭都要到外面买着吃,或者我妈妈做好让我弟弟送过来。每周,我弟弟给我送四五次饭,顺便来陪陪我。倪老师在最初的一百天里每天都要来三四次,哪怕是周末她都要过来。她今天带点苹果，明天带点牛奶，后天带点其他东西。我当时觉得看到她很烦。她一看我不在家，会立刻打电话给我爸妈，他们就会“断水断粮”——不给我零花钱。当时，我本来可以申请低保，但我没脸吃低保，我这种家庭还要吃低保总感觉很不好意思。

倪老师还联动居委会一起帮我戒毒。我曾多次说自己运气比较好，我们居委会的书记不仅是区优秀禁毒志愿者，也是上海市禁毒志愿者。我家对面就是居委会，居委会每天早上八点半准时上班，还每天都有人值班，人流不断。正好居委会有很多书籍，书记知道我喜欢看书，经常换新书，我也经常去借书阅读。

就这样，戒毒的头三个月全部都是倪老师、居委会书记还有警察盯出来的，我是真的很感激他们。这三个月，我很难熬，熬一个小时算一个小时，特别是到晚上。吸毒的人就是夜猫子，整晚睁眼看着天花板，白天又爬不起来。我没有毒品，凌晨三四点钟就爬起来了。生理能戒断，心瘾实在戒不掉。只要有人提到那个东西(毒品)，我身上每一根汗毛就会竖起来。即便三年后，如果有人在我面前提到毒品或者讲毒品，我的汗毛还是会竖起来。幸好有倪老师，她人很好，非常负责，苦口婆心劝我去上班，与社会接轨，转移注意力，对戒毒也有好处。

说句心里话，像倪老师、居委会书记以及警察他们都与我非亲非故，却能够给予我这么多帮助，让我也想把这种爱传递给别人。其实我很想去参加长宁区禁毒妈妈工作室的活动，就是路线太远、不太方便。或许等我安定下来,等房子动迁好,如果还有这样的组织和活动,我一定去参加。我会尽自己所能去帮助那些需要帮助的人。

心瘾

心瘾就是我的劣根性!生理毒瘾人人都可以戒得掉,难戒的是心瘾!

我对毒品很渴望,真的是渴望极了,想昏了头。刚戒毒时,我 24 小时无法入睡,像疯了一样。朋友教我喝黄酒戒毒,每天喝一点点。我喝第一口黄酒后,睡了三四个小时。快三年时,我每天能喝两瓶多。我晚上睡觉一定要喝酒,这一切都很难熬、很痛苦,所以当别人说戒毒不难时,我什么都不想反驳。

说实话,没有一点点心瘾是不可能的事情。为什么那么多千万富翁、百万富翁都败在毒品手里,我曾经大小也算是个百万富翁,把钱都“投资”在那里……长年吃那个东西基本上都是倾家荡产,欠一屁股债。我还算比较克制,没有欠债,更没有人上门要债。如果早几年把它戒掉,现在可能一切都还在。我非常后悔,但后悔也没用。被强戒前的最后一年,我靠静脉注射毒品,现在得了肝硬化、丙肝和糖尿病。回看我走过的路,真是无比可怕、心寒和后悔!最痛苦的就是想戒毒却戒不掉,被人家看不起。人家看我的表情很不屑,而我曾经是个骄傲的人。

大概五年后,当大家谈到毒品时我才感觉无所谓。直到那个时候,我才知道我彻底戒毒成功了!

“有枫的日子”——致伙伴的一封信

我的故事[①]

大家好，我是来自虹口的菁菁，是一名禁毒志愿者。

很高兴能在这里与大家分享我的故事。

以前的我由于无知与好奇吸食毒品十多年。唉！真想不到，从此我的人生跌入深渊。体重从原来的120多斤下跌到80多斤，身高1米66的我已没有人样，跟鬼一样。白天为了躲避警察的抓捕不敢出门，半夜去通宵药房买针管时，我就像只猫头鹰眼睛发光四处扫描，就怕警察守在四周，一有风吹草动，我的心脏就要跳出来兜几圈，还要四处筹集毒资。当时我的命可断但毒不可断，完全生活在黑暗中。

我多次被判，可放出来没几天又复吸了，因为我心瘾难戒。我与社会完全脱节，非常自卑，身边除了毒友还是毒友，也只能从毒品中找到安慰。这时，我们街道的社工倪老师出现了。刚开始我像防敌人一样防着她，我认为她和警察肯定是“连裆模子”[②]，我脑子大概进“水”了，何必给自己挖一个坑跳下去，再去弄几年官司吃吃。但让我没想到的是，这个“小姆妈”本事瞎（非常）大，找到我的秘密基地——

① 此信部分表述采用上海方言。

② 上海方言，意为结成联盟的人，是个贬义词。用在这里表示，本文作者曾经对社工和警察的关系以及他们对戒毒工作所发挥的积极作用没有正确的认识。

我妈妈家的电话和住址，把我唯一的退路给堵住了，这个“案子”我至今也没破掉。就这样她又联合居委会干部、社区民警等爱心人士以及我的家人，对我进行最后一次帮教。刚开始在家里听到毒友的声音，我就像遇到“亲人”（海洛因），汗毛也会竖起来，血管膨胀……浑身骨头痛起来时，无数次想出门弄一针打打，来缓解生理上的痛苦；但我又无数次抑制住这样的想法，因为我不想让关爱我的人再次失望。后来为了休息我又学会了喝酒。我蛮“来赛”（厉害）的，黄酒从最初每天一两口开始吃到快两瓶，一定要头昏沉沉才能睡得着，直到2018年查出肝硬化。于是，老酒不好吃了，只好吃药。我知道这都是毒品带给我的终身危害，但幸运的是我最后一次戒毒成功，至今已近二十年，我感恩我的社工老师们，没有他们的关爱就没有我的今天。

我现在是一名康复同伴禁毒志愿者，参加了许多公益活动，从一名受助者成长为助人者，通过多年的努力，2021年我再次被评为“上海市优秀志愿者”。如果大家身边有特殊人员，请给他们一个微笑或一份鼓励，也能让他们燃起重生的希望，最后我祝大家永远幸福快乐，珍爱生命，远离毒品。

再次感谢关爱、帮助我们的社工老师和同伴们！

（2021年6月9日撰写）

一切都是最好的安排

吸毒也好，

戒毒回来也好，

康复同伴禁毒志愿者也好，

它们都是我人生当中的经历！

我不会回避。

对外可能不会说我曾经吸毒。

但面对自己时，

我不会回避。

我确实做过，

我能接受，

是它们一点一点地汇聚成我。

【基本信息】

昵称：冰冰　　性别：女　　学历：高中

工作：企业

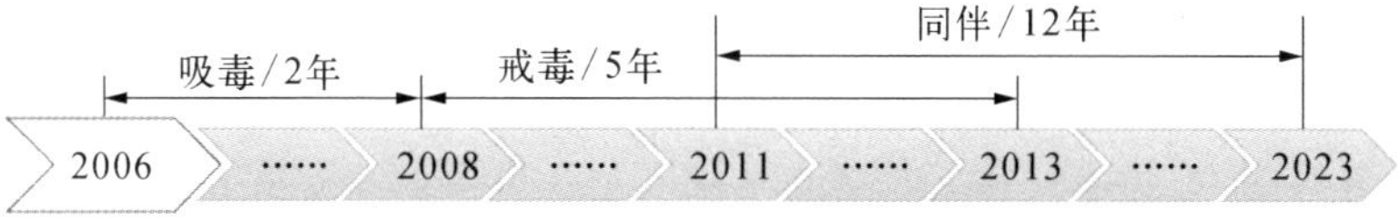

年份(截至2023年)

我的生命历程

【吸毒】2006—2008年

2006年　好奇害死猫

2006年夏天，我和男友确立恋爱关系。

事先我完全不知道他是一个吸毒者。

有一天，我们俩在家，他说："我给你看样'好东西'。"他告诉我，这东西是白粉。虽然之前没有接触过，但我知道白粉就是毒品。我胆子大，好奇心又重，属于标准的好奇害死猫的那种。听人说吸毒成瘾很难戒，可我觉得自己是那个"英雄"——不会上瘾，即便上瘾也可以戒得掉，我就跟着他试吸了一下。尝试过吸毒带来的所谓的快感后，我竟马上对毒品有了"贪念"。

三天后，公司安排我出差。我男朋友不想让我成瘾，就主动躲开。他觉得这样我就拿不到毒品了。可我居然鬼使神差，胆子大到自己去拿毒品。出差前，我着急地从手机里翻出通话记录(我男朋友联系毒品上家时，是用我手机打的电话)，打电话联系上家，拿到了毒品。

之后的一段时间，我每天都要吸食，而且量还不小。因为刚接触，也不深想吸毒后会有怎样的后果，反正有钱就花呗，基本上每天500元左右用于吸食，在当时应该是很厉害了。

有钱的时候什么都好，后来没钱又犯瘾的时候，我想尽办法去弄钱。以前我是很高傲的一个人，但为买毒品打遍所有的电话借钱。我和男朋友把他家里所有能卖的东西全都卖了，我也偷过我爸妈的钱和首饰。信用卡透支还是我爸妈帮我还的钱。吸毒两年前前后后我花了近20万，最后就是砸锅卖铁，每一个吸毒的人都会有同样的经历吧！

我爸妈知道我吸毒后非常震惊，觉得不可思议、坏了、完蛋了。他们想不通我为什么会吸毒。可怜天下父母心，他们把错误怪到别人的头上，就觉得是男朋友带坏我。其实，反过来想想，如果我不想变坏，谁又能带坏我呢？归根结底，还是我的问题，我不去试不就好了吗？现在想来，我26岁开始吸毒，基本上人就彻底废了。28岁进所强制隔离戒毒两年，出来的时候已经30岁。人生中最好的几年都浪费在毒品上了。

我爸妈希望我能好好的，不要出去拿毒品，就在家里看着我，甚至把我的床铺搬到他们房间里，睡在他们的眼皮底下。但是那个时候完全没用，我会想尽办法往外跑。到时间，我就会觉得人没力气、会犯懒，从骨头里觉得难受，浑身不舒服。

【戒毒】2008—2013 年

2008 年　我也要回女所演讲

2008 年，最终我还是被送去强制隔离戒毒。强戒的第二年，我就没再和之前的男朋友联系了，因为他也被强制隔离戒毒了，他在江苏，我在上海。

在所里上大课，看到叶雄老师讲述戒毒康复的录像。我第一次知道原来毒真的能戒，心里的"英雄"情结又涌现出来。我对自己说："哎，她戒毒之后还能回女所来演讲，我也要这样，我也要戒毒，也要回女所来演讲。"从那时候，也要回女所演讲的想法在我心里生了根。

【同伴教育】2011 年至今

2011 年　破格

2011 年 8 月 31 日，这天我回女所演讲。在去所里的路上，我心潮澎湃。同样的路，以前是被押进去，今天却是作为演讲者坐着队长上班的大巴过去，两相对比，我心里激动，更多的是感到自豪。

我是 2010 年 9 月 1 日回归的，回来一年后，我就进女所演讲。真的好巧，正正好好一周年。按规定，三年社区康复结束之后才能进所演讲，我是唯一一个破格的。

两年强戒结束，进入三年社区康复，我参加了许多次同伴教育活动，看到同伴们脸上洋溢着自信的笑容，内心渴望回归正常生活的意愿一天比一天强烈，每一个人都看到我的改变，我变得越来越开朗，越来越好，真的戒掉了毒瘾。为此，叶雄老师相信我，破格给了我提前去女所演讲的机会，其实，这件事对她对我都是一种考验。如果我进所演讲后复吸，这就是“啪啪”打脸的事，我哪里还有脸去见队长，见同伴，见叶雄老师……

我演讲的内容正是许多面临解教的人要面对的问题。出所一年，我不但戒了毒瘾，还能自信地在他们面前演讲，给他们带来的震撼感很强，所以引起了大家的共鸣，反响也很大。演讲完后，很多人给我写信，说我讲得好。我很开心，觉得这是对自己的一种鞭策，心里暗暗下决心，我要做得更好，争取每年回去演讲一次，做一场汇报。

从吸毒到彻底戒毒，我最大的变化就是：过去，我是那种有棱有角、锋芒毕露的人；但现在，我为人处世多了包容，或者说很多东西看淡了一点。

2012 年　拉一把

2012 年，我们开启拾星者同伴牵手项目，希望牵手更多的同伴，碰到有需要帮助的人就拉他一把，让他们能够更好地回归社会。我当时就想：回来的时候，人最怕的是什么呢？就是不知道该干什么，与社会脱节。通常刚回来，家里肯定会给点钱。有闲钱，又无所事事，怎么打发时间呢？自然而然会往那个(吸毒)上面想。我们牵手同伴成为康复同伴禁毒志愿者后，就等于我们可以和社工一起，在他们往那方面想的时候，多沟通，及时拉一把。这事非常有意义，我们同伴大家庭可以越来越大，多好。所以，叶雄老师让我参与项目的时候，我一口答应。

拾星者同伴牵手项目成立后，我有幸成为第一批康复同伴禁毒志愿者。之前我一直是以同伴的身份参与活动，能够成为康复同伴禁毒志愿者,源于我平时操守好,积极参加活动,乐于助人,被大家作为榜样,这给了我更大的信心和鼓励。

2013 年　做到了

2013 年,我参加了两次海星同伴禁毒巡讲团。这是由康复人员组成的巡回演讲团,会去全市每个街道演讲,这是一个很好的项目。

从参加同伴教育活动,到破格演讲,再到成为康复同伴禁毒志愿者,牵手多名同伴,参加巡讲,一直到作为记录者参与心荷同伴教育成长小组……每次活动于我而言都是一种鞭策。

我多次回所演讲。那个地方,我曾经待过两年,失去自由,生不如死。而现在我自由进出做活动,带给我的反差极大。所以,每次进去做活动,我都提醒自己,我做到了,我不会再吸毒!

2015 年　催婚

吸毒前我的工作是出纳,现在的工作也比较轻松。刚回来时,我爸妈着急,经常催婚。我说:“急什么呀? 我现在自己的生活还没完全找回来呢!”过些日子,他们又着急催我。我说:“急什么呀? 还没玩够呢!”再到后来,我天天让他们看《新老娘舅》,我说:“结婚? 结什么婚? 还不如不结婚呢!”慢慢地他们被我“洗脑”,就说:“反正只要你好就行了。”我知道我比较强势,要找一个能压得住我的男生。朋友圈里,我是“大姐头”,年纪和气场都足。我不喜欢太软弱、什么都听我的男生,所以挺难的。

2016 年　温暖

2016 年到 2018 年,我回归社会。正常上下班后,工作日举行的活动就很难请假参与。于是，我与叶雄老师私信联系变多，相对活动参与变少了。

回想做康复同伴禁毒志愿者的这段时间，我觉得就像是经常与朋友见面，聚一聚。我给他们带来的影响会有，不过我并不觉得自己做了多伟大的事，更像是朋友见面聊天。这时，虽然活动少了，但我知道这个团体还在，他们还在。

就像我给同伴写信时说的那样，我觉得同伴是一个大家庭，在一起的时候很温暖。

2018 年　回家

2018 年年初，叶雄老师他们希望我向老板请假，一个月抽一天进所。他们开展新的小组，让我负责记录。老板不知情，我是鼓足勇气请的假。但我不敢真的说这个事，我说："老板，我去做志愿者。他们阿姨妈妈做志愿服务，缺人帮忙做记录，让我去帮忙。"就这样一个月请一天假。我跟了两个小组，崧泽所一个组，女所一个组，协会我也会一周做两天志愿者。

我感觉好像又回到了这个温暖的家……

我的生命故事

遇到许多问题

在社区康复的三年里，我遇到了许多问题。

遇到的第一个问题就是我已经考到的驾照被吊销，得重新再考。

起因是当时播报的一条内容类似“大巴司机吸毒造成车祸，伤亡惨重”的新闻。紧接着相关政策[1]出台，规定吸毒人员回社区三年之后才能考驾照。为此，我心里很窝火，但更多的是委屈。

第二个问题就是三年社区康复期[2]，如果入住宾馆登记身份证警察会出警。因为开房间吸毒的人很多，第一年警察必定出警，第二年选择性出警，第三年才基本不出警，除非前两年有不良记录。这对我的生活也产生了影响。

现在已经过去三年，我出去绝对不会有警察出警。那时，我有个很简单的策略：我不想别人知道，到酒店我先打 110 报警：“你要过来出警做尿检吗？要的话，我配合你，我现在去哪里？你告诉我，我过去，配合做尿检。”我害怕面对别人歧视的眼光。当然，三年后偶尔也被检测。我遇到过，心里会抵触。我觉得这是正常的反应。警察过来，带走我，我也不怕。尿检完，结果正常。看到他们抓错人失落的表情，我心里想：“哼！白忙一场吧。来，把我送回去。”那时候我可理直气壮了。

吸毒的时候，看到查身份证我会躲，因为我怕。但现在想的则是：“你怎么不来查我？来查我呀。”不吸毒后，我看到警察不怕了。有一次，我在地铁站等车，有个警察过来说：“不好意思啊，我每天要输入一定的身份证号码。麻烦你配合我一下，报个身份证号码给我吧！”我说：“好呀！”我把我的身份证号码报给他。他说：“谢谢！”他对

---

① 《机动车驾驶证申领和使用规定》第十五条。
② 动态管控，法律依据为《中华人民共和国禁毒法》《戒毒条例》。

我非常客气。这次，在他的眼里，我就是个正常人，他请我帮忙，那么客气，而我丝毫也不怕告诉他。

感谢

2011 年 5 月，社区康复期间，我开始参加同伴教育活动。

社区康复三年是有社工跟的。第一年，社工与警察一起每三个月给我做一次尿检，第二年是半年一次，第三年是一年一次。[①]

我和我的社工关系很好，我要感谢社工金梅琴老师。我能参加同伴教育活动，包括回所里演讲，都是她和叶雄老师给我的机会。当时我把想回所演讲的想法告诉她。她看我有信心，就说："我们有一个演讲比赛，但不是去所里，你要参加锻炼一下吗？"这是区里专门为戒毒人员举办的比赛。我一口答应。决赛当天，叶雄老师也在，她和我的社工关系很熟，社工就把我介绍给她认识。巧的是，我和叶雄老师都属鸡，我们一见如故，聊得很投机，互留了联系方式。叶雄老师说："我们同伴教育有活动叫你哦！"我才知道原来还有这么个团体。

重建朋友圈

同伴的活动很多，一个月至少有两次，基本上所有活动我都参加。入所活动的 PPT 上有一张照片，就是我第一次参加同伴教育活动时拍的。照片上有很多人，这场活动到现在我都印象深刻。活动真的很多，不能说每次都印象深刻，但每一次都一定很开心。

同伴教育能带给我什么帮助？

---

① 《戒毒条例》第十七条。

出所后，我和之前的朋友全都断了联系，仅有两个知情的没有断。还有一位高中同学，是我和她妈妈在路上遇到，留了电话，重新建立了联系。我爸妈也害怕我和以前的“朋友”联系，我回来后，他们把我的手机号换了。我也觉得彼此没有再联系的必要。

我重新建了一个朋友圈，同伴们就是我的朋友，让我慢慢地重新融入社会。同伴与同伴之间，没有歧视，彼此知根知底，可以随便聊，大家都是平等的。不会产生“哎哟，我这事说出来，别人知道后会怎么样”的惶恐。在同伴的环境里，我很放松，没有什么心理负担，我交到许多朋友，相处愉快，我们就是一个快乐的群体。

现在的朋友全是我回归后重新认识的。新认识的朋友和单位同事都不知道我以前(吸毒)的事。我们玩得好，成为朋友，我不想这件事成为导火索，彼此心存芥蒂，最后连朋友都没得做。毕竟社会上大多数人是“戴有色眼镜”看吸毒的人。所以能不知道就不知道吧。不过，谈恋爱的话，我会让另一半知道。我记得曾经活动中我被问过，我的回答是：“我会告诉他。”

打开心结

刚开始成为康复同伴禁毒志愿者的时候，我妈对我百分百信任和支持，我爸则想得比较多。他觉得，一帮吸过毒的人，万一谁勾引我一下，我会不会复吸？他说：“都是吸过毒的人，你还是少去。”因为不了解，他有顾虑。我就给他介绍我们的活动。“爸，我们今天的活动内容是……”之后，他在电视上看到我们的活动，还会问：“哎，这是你们叶老师吗？”我说：“对对对！就是她。”“噢……”他通过电视了解我们，更看到我在变好，慢慢地不再阻止我参加康复同伴禁毒志愿者活动。

一开始他有顾虑是正常的，当了解了我们的活动后，就不再担心了。

现在我和爸妈关系非常好，在他们眼里我永远是他们的骄傲。以前我是乖乖女，会做家务，工作也不错，所以当他们知道我吸毒时，感觉就像是天塌了一样。等到我 2010 年强戒出所，二老来接我。我们在外面吃好饭，我洗了澡，他们就绝口不再提那件事情。反而是我看电视："哎哟，吸毒……"想聊几句，这时我爸通常是直接换频道。看他们怕提起，我心里会痛。直到认识叶雄老师，参加活动后，他们看到吸毒的新闻才会和我聊：哎，这个是吸毒的吧？一看这个脸就是吸毒的……他们打开了心结，可以跟我聊关于毒品的问题了。

他们的心结是慢慢打开的，我用实际行动向他们证明我戒掉了毒瘾。刚出所与社会脱节，适应一段时间后，我会不会重蹈覆辙呢？他们的担心，我能理解。那段时间，我会把我的行踪和他们说得很清楚，就像回到小时候，告诉他们我和谁在一起，在哪里，我会留下朋友的电话，让他们可以随时打，但他们从来没有打过。慢慢地，他们放心了："出去啊？去哪里玩？去吧！"不再多问一句。这是他们对我的一种信任。

聊一聊

成为康复同伴禁毒志愿者后，我做得最多的事就是沟通。我和牵手的同伴每个月见一次，面对面聊一聊，沟通一下。我们关系处得好,联系会更多一些。他们身体有什么不舒服,会马上和我联系。回归(社会)的人,希望有一个可以倾诉的对象,而我愿意做这个聆听者。天南海北,海阔天空,什么都可以聊。聊天是我们最主要的沟通方式,特别是面对面地聊,因为声情并茂,比电话效果更好。我会主动约他们:"这个周末碰个头?一起喝杯咖啡吧!"

这些牵手同伴是哪里来的呢?社工介绍的,是社工觉得这个人康复有希望,可以拉一把。

我的第一个牵手同伴是一个男孩,与我年龄相仿,我是 81 年的,他是 82 年的。他住的地方离我的公司不远,所以我们约见面比较方便。他后来慢慢脱离同伴,可能社会功能恢复正常后不愿意让别人知道过往吧,总之我们后来再也没有见过面。

其实很多人恢复正常后,都不愿意再提起那样的过往。所以,我们同伴这个家来了很多人,又走了很多人,就像铁打的营盘流水的兵。同伴教育每做一次宣传,就会把自己的伤口挖给人家看一次……曾经的经历,一遍一遍地反复摊开给人观摩。很多人会觉得:"我现在好了,回归正常生活。那段过往经历不想说起,不想让其他人再知道。"

另一位印象深刻的牵手同伴叫小芳。她是我牵手的第二个对象,成立了崇明站小芳工作室,等于是崇明那边的联络点。她现在很成功,她人在崇明,我们很少见面,主要靠电话和微信联络。我对她最大的影响就是我第一年回所演讲时,她正巧坐在下面。她看到我的第一句话就是:"我知道你,我看到过你,那次你来演讲。我有一天也要回去那里演讲。”她向我看齐，我破格一年回去演讲，她也做到了——一年后回所演讲。这就是榜样的力量！

我觉得榜样的力量是很有感染力的！

找到这个点

现在，我最想和正在戒除毒瘾的同伴说的话是：“不要觉得戒毒有多难。每个人戒毒都有一个点，找到这个触动内心的点，会给你动力戒毒。”我的点是我的爸妈，还有就是这么多的同伴及活动，每次进所演讲，更是一次很好的督促。我希望每个人都能沉下心来，想一想，问一问自己：什么最能触动我？这个点在哪？找到这个点，我相信每个人都能戒得了毒。

我的点是父母，为什么不是叶雄老师在所里演讲时带给我的震撼呢？因为叶雄老师于我而言是榜样。榜样离我比较远，但爸妈天天看着我，我也天天看着他们，我总是想让他们开心一点。他们开心的时候，我再回想一下我不乖的时候他们的神情，包括我会想到第一次入所探视时他们的表情……我就下定决心：“哎哟！不要再让他们有那样的表情了，天天笑多好，多开心！”

我是第一批强制隔离戒毒人员。我记得第一次探视就是诉苦。他们关心地问我：“在里面好不好啊？有没有被欺负啊？”这些他们肯定会问，因为他们不知道里面会发生什么，总觉得会像电视里演的那样被欺负。我说：“挺好的，没有人欺负我。就是做的活很苦，手弄得粗糙不堪，一塌糊涂……不过我听说马上要换了，会好起来的。我们是‘大锅饭’，不用担心我做不出活，做不出，我就少做点呗……”我边哭边说,哭完之后反过来尽量安慰他们,让他们知道我在里面还行,我能照顾好自己。第一次探视哭声一片。真的,很难想象那时的样子。隔着一片片玻璃,电话这头的人在哭,那头的人也在哭,哭成一团。

等到快出所的时候,我轻松了,笑着说:“哎!我还有两个月,你们不用来看我了。”旁边正好是一批新进来的人,他们那边又是哭声一片。我当时的念头是:“哎哟!差不多两年前,我也是这个样子的。总算熬过来了,不要再来了!”之后,和同伴们接触的一个好处就是不停地给自己做心理建设:那个地方(戒毒所)不要再去了,确实会有那种心理的鞭策在。

两年的时间,一个月一次探视他们一次都没落下过,刮风下雨都来。甚至后来我叫他们不要来,我说:“下个月你们别来了!9月1日我就回来了,直接9月1日那天来接我就好。你们下个月就不用再跑一趟。”结果他们还是来了。女所离家很远,来回五十多公里。他们坐车到人民广场,再换乘大巴,一个人票价15元,直接到女所。他们每次都很早从家里出发,就为了赶上第一批探视。

这就是父母给我的关爱,给我的鼓励,也是支撑我戒毒的那个点。

“有枫的日子”——致伙伴的一封信

生命的花海

曾经,我是一名药物滥用者,2006年开始滥用传统毒品,2008年被第一批强制隔离戒毒，2010 年出所，至今康复 9 年多。现在的我在上海禁毒志愿者协会担任宣传干事，负责“同伴信箱”，是“毒来不独往——24 小时戒毒热线”预备接线员。但我最喜欢自己的一个身份是：我是一名康复同伴禁毒志愿者！

我想分享两个在我回归社会后，可以说对我至今的康复生活起到重要作用的故事。

2010 年 9 月 1 日，这天是我重生的开始。重回社会，一切都是茫然的，最扎心的还是家人的怀疑态度。

刚回来后，我直接换了手机号码，除了两个非常要好的朋友，其他联系人全部都不愿再联系，我下定决心要和过去彻底告别。回来一周后，朋友出于好意，邀我去他公司做计调，这对于当时迷茫的我无疑是雪中送炭。当我怀着激动的心情开始第一天上班的时候，由于自己的粗心大意，手机被偷了。到公司后第一时间打电话给我爸爸，希望他尽快把电话号码挂失并补卡，可电话那头只传来一句“你又要出什么花样?”随后就是“嘟嘟”的挂断声。放下听筒的时候，委屈、难过瞬间涌上心头，当时拿上包我就离开了公司。我不想回家，又无处可去。身上除了交通卡和吃午饭的 20 元钱，其他什么都没有。我直接冲去我社工的办公室，当着社工金老师的面崩溃大哭。我把金老师当“垃圾桶”，一口气倾诉完心里所有的委屈和不满。听完我的唠叨抱怨，金老师才缓缓开口道：“在回家前先静心地想想：爸妈是从什么时候开始对你所有的行为持怀疑态度的?”渐渐平复心情后我开始思考金老师说的这个问题，是啊！什么时候开始，爸妈对我那么不信任了呢？毫无疑问肯定是吸毒以后，但是我现在已经不吸毒了呀，为什么他们还不相信我呢？带着这个疑问，我忐忑地回到家，做好心理准备面对爸爸的怒火。

爸爸并没有我想象中的大发雷霆，只是冷冷地问我到底怎么回事？我再三确定，甚至说道："不信你带我去做尿检。"爸爸才相信手机是被偷不是被我卖掉的。因为上班需要，爸爸陪我去买了一个200元的二手手机，到现在我还印象很深刻，那是一个摩托罗拉的翻盖手机，可用功能只有接打电话和短信。我拿着这个手机时，我就在想："我亲手打破的信任，我要亲手把它拾回来。"（后来，这个手机就被我一直放在抽屉里，即使动迁搬家都没有把它丢掉。每当看到这个手机，我都能清晰地回忆起当时把它拿在手里时心里的酸涩。）

今年4月，爸爸把一万元现金换了抽屉放，自己却忘记了，找了很久，但他没有丝毫怀疑是我拿的。这一刻我知道，曾经被我打破的信任，已经随着时间的流逝，随着我越来越好的状态，被我修复如初。就在这天，那个手机被我毫不犹豫地丢进垃圾桶。那一刻，我丢掉的不仅仅是一部手机，还有我和父母之间的不信任和隔阂！

第二个故事是我和女所的渊源。2011年8月31日是我回归一周年。这天早上是我第二次踏上来女所的路，第一次因为强戒，但第二次是以一个演讲者的身份，重回女所，做我人生中第一次所里演讲。能这么快回女所演讲是我始料未及的，因为那时候我还处于3年的社区康复阶段，能够破格入所，是女所的一次突破，是自强的一次勇敢尝试，也是我的一次破釜沉舟。毕竟戒毒是一辈子的事，而当时的我却连3年社区康复都还没有通过，未来有太多的不确定性。然而这次的勇敢尝试却产生了意想不到的效果，尤其是当时很多即将回归的同伴，反响特别热烈。因为我当时遇到的问题，很多都是她们即将面对的问题，很容易产生共鸣。这次演讲，也让我有了新的收获，原来演讲也是可以给同伴带来帮助的。

2013年海星同伴禁毒巡讲团成立的时候，我有幸成为第一批巡讲员，我们通过入所、入社区、入街道，把我们的经历告诉更多的同伴和社区居民，让同伴增强戒毒信心，让更多的人消除对吸毒人员的误解和偏见。现在我不仅入所演讲，还非常荣幸地成为"第九期心荷同伴教育成长小组"的带领员之一，每个月都固定入所带领小组活动，相信今后的第十期、第十一期、第十二期等活动，一定还会有我的身影，我和女所的缘分是解也解不开的。

当年，我破格入女所演讲的主题是《生命如花》，时至今日，我觉得我已经不只是生命如花，而是生命如花海。我希望每位同伴都能康复，拥有自己生命的花海！

（曾于2020年3月27日发表）

跌倒重来的欣慰

告别过去，

微笑面对未来。

我要做主带，

多做些活动。

我希望能够影响到更多的人！

加油！

【基本信息】

昵称：阿伟　　性别：男　　学历：大专

工作：待业

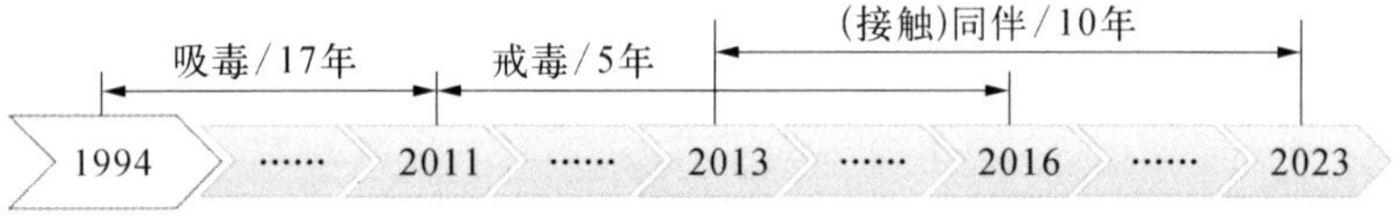

年份(截至2023年)

我的生命历程

【吸毒】1994—2011 年

1994 年　不会比他好

1994 年，我第一次接触毒品，现在想来已经是很久以前的事了。

那时，我一个月工资五百元左右。在朋友的介绍下，赚到人生中的第一桶金，也正是在那位朋友的引导下，我第一次吸食毒品。他告诉我，他已经吸毒近半年，并向我描述吸食海洛因的感受——飘飘欲仙，想什么有什么……基于对他的信任，我第一次尝试了海洛因。但我觉得我好像对海洛因有“免疫力”，我没有像他说的那么上瘾。他说：“你这种状态是因为还没有吸食到位。一定要吸到身体难受、呕吐，再躺下去，然后才会有那种感觉。”我听后照做，不过吸到吐依然没有那种飘飘欲仙的感受。刚开始是烫吸，那种方式的成本相对比较高昂，烫吸肯定要量多才能有感觉。随着时间推移，我从烫吸慢慢变成静脉注射。静脉注射是通过血液注入身体内部,相对的量就可以少一点。

吸食四五次之后,我就不碰了。差不多八九个月之后,我庆幸自己不再吸食它。那东西容易让人上瘾,而且我的经济能力有限。当时,海洛因价格是六百元一克,而我的工资才四五百元。静脉注射的话,一克大概可以用两天。也就是说,一个月工资两天就没了。但不碰海洛因之后,我开始出现生理反应,很难受。传统毒品戒断产生的生理反应特别明显。初始阶段就是做任何事都无精打采、哈欠连天、流鼻涕、流眼泪。虽然我没有经历过戒断中期的浑身发懒,但是我见过朋友浑身难受的样子,好像他离开海洛因,就只比死人多口气,会控制不住想要去碰它。

那时我们还是赚了点钱,我朋友差不多有八九位数的存款积蓄。但当八个月后我再见他时,他已经瘦得不像样了。我听其他朋友说:"他已经入不敷出,开始偷手机了……"想来也是,沾染毒品后,他肯定不会再去上班,等于坐吃山空。较之新型毒品,传统毒品追求安静,属于"不吵不闹"型。吸完传统毒品之后,只需要把窗帘拉起来,享受一种飘忽的感觉,然后躺着、眼睛眯着,其实睡是睡不着的,只会胡思乱想。那样的状态是不可能去上班的,那就是我对海洛因的认知及感受。我庆幸自己没在传统毒品这条路上一直走下去。有时我在想,我那个朋友一年不到就那样了,如果是我肯定也不会比他好到哪里去。

1996 年　下头

但我并没有远离毒品。1996 年,我开始接触新型毒品。上海的夜店，我们称它为“酒吧”，和正规酒吧不同的是，里面纯放迪斯科音乐。那时，摇头丸、K 粉之类还没有流入上海。但我们已经清楚地知道有种新型毒品，其实是一种咳嗽药水（音译“菲利克”）。当时，我们晚上 11 点去迪斯科酒吧，下午去买一整瓶咳嗽药水，人手一瓶，先去洗手间喝完，回到舞场再喝点啤酒，到最后听着音乐就会有头晕的感觉，反正觉得很嗨，很兴奋，甚至是亢奋。那种咳嗽药水含有麻黄碱成分，国家规定属于处方药，现在已经不能随意出售。相似的含有麻黄碱成分的感冒药也下架了，国家对这类药品管制得很严。

我嗑一粒摇头丸，差不多要六小时脑子才能清醒，这六小时就要不停地听刺激性的音乐。因为我知道摇头丸的伤害比较大，所以会截掉四分之一颗或者是半颗，尽量控制一下剂量。我曾试过一次一颗，摇到后面就变成了我们俗称的“下头”状态，脖子抽筋。最疯狂的时候，我会觉得自己的脖子已经不能动了。

2002 年　神奇

我是怎么接触到冰毒的呢？2002 年的一个晚上，我们在夜店包了个房间。我是两点钟进的场，嗑半颗的量，预估到五点钟才能清醒。差不多三点，警察来例行检查，一切活动立刻停止。我走到马路上，因为听不到音乐，马上就产生头晕呕吐的反应。一通呕吐后，我感觉很难受、很难受。我就打电话给我一个朋友，向她描述我的症状。她说：“阿伟，放心，你过来，我保证你五分钟下头。”我将信将疑地直接到她那里。那是我第一次去她那里，我吸了大概五口（冰毒），人就恢复正常了。

事后，我才知道冰毒能够缓解多种毒品带来的不适反应，能够让人瞬间从昏昏沉沉的状态中出来，就像醉酒后用解酒药，但是对神经的刺激性很大。

2007 年 发脾气

到 2007 年，我经常会莫名地对我二姐或者妈妈发脾气，稍微有点不称心，就看她们很不舒服，会突然爆发，而之前我从来不会这么做。我在家中排行第三，上面有两个姐姐。大姐比较宝贝我，很宠我。二姐性格比较直，知道我吸毒就很直言不讳地批评我，说我是“神经病”（上海骂人的话）。

2008 年 腿不是长在我身上似的

2008 年，奥运会前后，我的经济状况开始变得比较紧张，自己也不想吸了，但是我已经控制不住自己。钱已经花得七七八八，没有其他资源可以供我吸毒。可是，只要一起玩的“好朋友”一个电话过来，我就会情不自禁地去，感觉这腿不是长在我身上似的。

【戒毒】2011—2016 年

2011 年 太不孝了

2011 年，我被执行强制隔离戒毒两年。

被拘的前 10 天，我就是吃了睡，睡了吃，处于生理恢复期。10 天后，我进入自我调整阶段，同时也知道了处罚结果：两年强制隔离。过往的生活在我脑子里就像放电影一样。我扪心自问：“以前的那种生活是我想要的吗？”

最终让我下定决心不再碰毒品的是妈妈来戒毒所探望的样子。妈妈和大姐真的很疼我。那个夏天，大姐和大姐夫要来看我，我就和大姐说："千万不要让妈来啊！"结果，妈妈还是来了。那年她已经 80 多岁，身体状况非常不好，看着她佝偻的身影，我觉得我犯错等于变相惩罚我妈妈。我在外面嗨的时候，我妈妈不可能感受得到；然而当我因为吸毒接受国家处罚时，我妈妈心里肯定很难受，我太不孝了。那次，我哭得稀里哗啦，感触很深。我觉得如果回归社会后我复吸再强戒，简直就是畜生不如。此后我彻底下定决心，出去后一定要远离毒品。有人说"阿伟，你碰(吸毒)的时间那么久，感觉强戒回来，怎么就彻底改变了？"我说："我有故事啊！"这就是我的转折点，那时候我好像突然之间醒悟了。

2013 年　挣扎

2013 年，我从戒毒所出来，在家安静了一个月左右，与社工见了面。在戒毒所里，每天过着很规律的生活，没有自由的空间。出来后，我的生活没了拘束，闲时就会胡思乱想。我能想的也就那点事，时间越久，内心就越挣扎，有时候甚至想，最好有人来叫我，那就不是我主动要求去的，那样我就给自己找了个台阶。后来确实也有人来找我，但想到妈妈，我拒绝了。

【同伴教育】2013 年至今

2013 年　亲切

2013 年 10 月，在社工引荐下，我认识了叶雄老师，有幸参与海星同伴禁毒巡讲团。第一次上台演讲时,我觉得平时我还挺能说会道的,但看到台下坐着七八十人,突然脑子"嗡"的一下,提前准备好的内容忘得七七八八,完全不知道在说什么,感觉很慌乱。不过社工老师和晓荷老师都说:"你第一次就能脱稿演讲,很不错哦!"其实,我自己知道,我只是不喜欢念稿子,哪怕是我自己写的。我觉得脱稿会让人感受到我的真诚,显得真实,这些事都是我的亲身经历和思考。

第一次参加活动,我感觉很亲切。我们都是过来人,有着同样的经历,我的感受他们能够理解。刚回来半年的我看到康复十年的同伴,就会想:他们能做到,我为什么做不到呢?我真的很庆幸能够认识叶雄老师和已经成功戒毒的同伴们。

2014 年　喜悦

2014 年,我在一次海星同伴禁毒巡讲团比赛中拿了奖。我明显感受到警察对我态度的改变。他很开心、很热情地对我说:"阿伟,你这样走着,我就放心了。"当时我心里在想:能拿到这个奖状,我很感谢你,是你"逼"着我走这条路。我家离居委会很近,两三天就能遇到一次。我的社工老师也升职了,现在是站长。我遇到社工老师是我人生中的一个转折点,是他向我介绍的叶雄老师。他们看到我的转变很欣慰!

参加同伴教育活动,使我无论在精神上或是心理上都趋于平稳。我会尽力而为,用自己的力量帮助别人。曾经,我看到成功戒毒十年的同伴们,会感叹他们怎么能坚持这么久,但现在我已经成为他们中的一员。我和同伴们在一起用实际行动去影响需要帮助的人。

我成为一名康复同伴禁毒志愿者，一方面受叶雄老师的影响，另一方面是我自己的强烈愿望。我能感受到自身转变带来的喜悦感，真切地觉得我现在的生活不错。我相信许多人依然彷徨，可能抵制不了那种诱惑，但碰了毒品，又很后悔，就像曾经的我，纠结挣扎，最后活生生让自己处在边缘地带。这种状态我经历过，当时的我确实没法抵御，只有环境改变了，成功才有了可能。

在巡讲活动中，我会说："为什么我要抛头露面？因为我想对自己狠一点，想用公众的眼光监督自己，逼自己朝前走，往正确的方向走。"这样的方式既可以约束自己，又可以用我的力量去影响曾经和我一样有彷徨经历的人。

在同伴教育活动中，我遇到了戒毒人员家属，他们的状态和我妈妈当年的状态很像，问得最多的也是："我儿子（老公、老婆）回来后，有什么办法不让他们再碰毒品吗？"我的回答很直接："很简单，把他们之前手机里的那张卡扔掉，让那些人联系不上他们。"这是我亲身实践过的方法。我回来后，大姐直接藏起手机卡，让我找不到，这事让我印象深刻。

2016 年　真的挺好

2016 年，我完成戒断报告，不用再定期去社区报到。除了同伴教育活动，我还喜欢参加公益活动，比如阳光之家的公益活动。

加入同伴团队后，毒友有时还会再来找我，但我不再像以前那样跟着他们走了。一次、两次、三次拒绝他们、不见他们，他们就不再来找我。我会随便应付一下说："我有事，你们先去，我过五分钟就来……”或者在电话里说:“不好意思哦,我在打麻将……”这样就没有第四次了。他们通过其他人知道我现在参加同伴教育活动,和他们不再是一个圈子的人,之后也就没有人再来打扰我,彼此断了联系,我很快脱离了那个圈子。

我觉得和同伴们在一起真的挺好,不用像以前那样过提心吊胆的日子,也没有从前的精神压力。

2019 年　影响

同伴教育对我的戒断有着很大的影响。

作为海星同伴禁毒巡讲团的一员,我参加过 20 多场活动,越到后面越觉得我的演讲收放自如。平时,我会跟着叶雄老师进向阳所内做牵手活动,主要是现身说法,把我的经历和感受讲给他们听。我很开心有两位出所的同伴也加入了我们团队。我觉得自己做了一件有意义的事,有很大的成就感。

我想通过我的努力尽可能多地影响到一些人。我说:“像我们这样的人能影响到的人,首先要有主观改变的意愿,也就是说他决定不再碰毒。”巡讲中,我遇到过“六进宫”的人。他们的想法就是:抓到算我倒霉,抓不到就是我幸运。那类人很难改变,与他们没什么好谈的。

我们团队存在的意义就在于同伴之间相互影响,相互监督。这种方式可以让外人监督自己,但更重要的是自我监督。

我现在没有其他工作,主要是做同伴教育活动。我曾发自肺腑地说:“我心甘情愿参加每次活动,不论是区里的还是市里的,除非是有特殊情况不能出席。”在同伴教育活动中，我觉得好像没有遇到过什么困难或者迈不过去的坎。

我希望我们康复同伴禁毒志愿者团队规模像滚雪球一样，从20、30人壮大到80、90人……越来越壮大，从而能够影响到更多的人。

我的生命故事

日子过得糟糕透顶

从1997年到2002年，我一直跟朋友一起参加聚会，吸食新型毒品。我差不多是一周2～3次的频率，直到有一次我们俗称“爆掉”，才第一次接触冰毒，一直使用到2011年被警察抓捕。

“溜冰”的人就像一颗行走的定时炸弹，不知道什么时候会爆炸。我看到过许多骇人听闻的新闻和视频，有自伤的甚至杀害老婆的。我曾见过那类人。我们一起“溜冰”的时候，如果一个人处于很闷的状态，我就很担心，感觉他会做出一些意想不到的事情，因为他是违抗自己的生理反应在做一些事情，新型毒品属于合成毒品，危害严重。

我完全不知道2008年颁布了《中华人民共和国禁毒法》，从2007年到2011年，我也不知道自己是怎么过的：一周七天，差不多有四天属于不吃、不喝、不睡的状态，像“神经病”一样，熬到身体极限，直到“溜冰”也溜不进，眼睛也睁不开，就赶紧睡觉，剩下的三天就处于睡了吃、吃了睡的状态……

日子过得糟糕透顶。

脱离

回归社区 45 天左右，之前的毒友就找上门来。起先我还半推半就，两三分钟后，我就跟着他走了……这件事让我明白，康复环境对我戒毒成功至关重要。这种状态差不多维持到 5 月底、6 月初。这种状态的专业术语叫复吸，圈子里称为“蘸酱油”。警察找到我，对我进行临时检测。我才醒悟自己正处于社区康复。之后几天的一个清晨，七点左右，我接到警察打来的电话：“我是王同志，你没事的话现在过来居委会，我有事找你聊聊。”我一下子头晕了，我知道自己当时的状况一查肯定出事，于是我直接关闭手机躲到住在浦东的朋友家。整整 10 天，我每天 24 小时待在家里，提心吊胆，内心挣扎，度日如年，这感觉比在所里还难受。听到有人敲门或者按电铃，我就很紧张，心想：阿伟，这不是你自找的嘛，之前夸下海口，再不碰毒，然而并没有做到。

内心的矛盾和挣扎让我得出结论：康复环境决定我的戒毒康复成功率！我身边围着的好像都是有吸毒经历的人。就算我们都不吸，看到对方的时候，我就会想到那件事(吸毒)和那个状态(吸毒的状态)。

从浦东回来，我去找警察，他一笑而过。我知道在他心里我已经有了污点，他随时随地可以临检我。我再次找到我的社工老师，坦诚地告诉他：“我希望您能帮助我，不再与之前的毒友接触。”

我一定要脱离那个圈子！

榜样的力量

2019 年，我被安排在崧泽所做同伴教育活动。

崧泽所有个不成文的规定，做活动的康复同伴禁毒志愿者最好是从所里出去的，然后再回来开展同伴教育活动。5 月，我牵手同样从崧泽所出来的同伴加入“星活动，星动力”活动。每次我们的同伴教育活动都会有一个主题，一共开展了六次。他从 2 月出所，一直积极参加市区的活动。在活动中，我能感受到他的变化。只要同伴能够定时来参加活动，时间久了，我们一看就能知道他有没有再碰毒品。在组里，看到与我牵手同伴的行为表现和状态，给我带来很直观的冲击：吸毒年限比我长的同伴也能够坚持戒毒。这是一种无形的影响力，让我感受到榜样力量的强大。

时间飞逝，这些年，我觉得我无形中也成为他人的榜样。之前，我没有固定工作，是个“无业游民”。在叶雄老师的“逼迫”下，我成为第一批毕业于华东理工大学网络学院社会工作专业的康复同伴禁毒志愿者。

同伴教育活动一定要延续，这并不仅仅是说漂亮话或者喊口号。一旦复吸，不仅要承受个体精神上的负担，家人也会跟着倒霉。坚持远离毒品，不再碰它，不仅是对自己有个交代，更是对家人最好的交代。

支持

我大姐对我很好，她用另一种方法威慑我。我母亲去世后，留下一套房子对外出租,每个月有 5 000 多元收入。大姐对我说:“现在母亲过世了,家里就我们姐弟三人。如果你能太太平平地好好过日子,即使你现在不上班,也有地方住和固定的房租收。但是,如果你再像以前一样瞎混,因为吸毒被抓进去,放出来以后,母亲留下的那套房子你就没有继承资格了。”本来父母的房子就没有明文规定说只能儿子继承。我大姐说得没错,说话很实在,不拐弯抹角。她在经济方面压制住我,让我考虑清楚。大姐对我的用心,我能够体会,说实话,毕竟没有一个姐姐希望弟弟去碰那东西。因为一旦碰了,是给自己和家人带来精神上和肉体上的灾难、痛苦和折磨。比如,我在戒毒所时,我母亲来看我,看着她佝偻的身影,我能感受到她的心疼和爱,她知道我从小娇生惯养,会考虑我在里面是不是吃得了苦……2015年,我母亲去世,享年 88 岁。

我现在的状态让我大姐开心得不得了。她很支持我参加同伴教育活动。她感觉我不再像以前那样——以前就像个“神经病”,现在很自律。比如,市里有活动,她知道后就会早晨叫我起床。本该七点钟打电话过来,结果她六点五十就来电了:“阿伟,快点起来,准备去参加市里的活动。”

我的成就得益于家人的支持。

自信心

随着参加活动次数的增加,我的自信心也在无形中增强了。

我和同伴们相处得不错,我们有类似的经历,我说的感受他们能够懂、能够理解。我经常和同伴们说一句话:“我不能左右别人的行动，但我能主宰自己的未来。从现在开始，我绝对不会再去碰那东西。”为什么呢？一是我不想再过提心吊胆的日子，二是不想让家人过担惊受怕的日子。在浦东躲着的那些日子，对我来说真的太痛苦了。我问自己：为什么放着自由自在的日子不过？非要去复吸？就像戒毒所里人说的那样：非要“翻墙”进来，是没人拦的。

现在我的生活稳定，能给家人和身边爱我的人提供安定的生活，他们不用再为我天天担心。这对他们来讲就是最大的安慰，对我自己也是最好的交代。两年的强戒生活，我的家人尤其是我的两个姐姐，每个月雷打不动来探视我。这是来自家人的关爱，我不能好了伤疤忘了疼，不管不顾，若因为复吸再被抓进去，最后痛苦的还是她们。

在同伴教育活动中，受同伴的影响，我慢慢学会自我约束，不再过让自己和家人担惊受怕的生活。国家对吸毒者零容忍，但只要不再复吸，就可以过正常的生活。康复同伴禁毒志愿者这个平台，不仅让我受益匪浅，而且能去影响到有意愿改变或者想康复成功的那些人。

参加同伴团队，我可以慢慢地把生活想得长远些，把生活过得更有意义。

“有枫的日子”——致伙伴的一封信

重　生

我是一个有将近17年药物滥用史（吸毒史）的康复同伴，2013年回归社会至今，我明白戒毒是一个漫长的自我斗争的过程，需要坚定的信心和良好的环境（同伴团队就是最好的康复环境），两者缺一不可。

1994年，我赚取人生的第一桶金，在周围朋友的蛊惑和引诱下第一次触碰毒品海洛因，包括以后磕“摇头丸”、吸食K粉，当时觉得那是一种时尚行为，因为那些都是在夜店、酒吧、KTV进行的。但到2002年吸食冰毒之后，我感觉生活越来越单一（连续几天吸食冰毒，然后到达身体极限后再连续睡几天），朋友圈子越来越小，几乎没有社交活动，不关心任何事情（连《中华人民共和国禁毒法》的颁布也是在戒毒所才知道），一直到2011年4月被执行两年强制隔离戒毒。在戒毒所的两年时间内自己反思了很多很多……

回归社会后，刚开始我确实有意识地远离原来的毒友，可是过一段时间，相对自由、宽松的环境加上毒友的蛊惑，我复吸了（毒品的魔力可见一斑），短暂快意过后却是一段时间的惶恐不安和提心吊胆。靠自己一个人彻底改变那样的状况可能是永远无法完成的任务，于是我想到禁毒社工，在她的循循善诱下，我抱着试试看的心态参加区里同伴教育的小组活动，似曾相识的经历、和谐的氛围让我有种家的感觉。

在这里我们可以畅所欲言，交流沟通彼此的甜酸苦辣，也可以通过康复同伴禁毒志愿者的榜样示范为自己加油、鼓劲……后来我又在社工老师的引荐下，加入叶雄老师的团队，这里是我重生的港湾。通过在团队里的培训学习，我从一名同伴成长为一名康复同伴禁毒志愿者，戒毒信心得到大幅度提升。通过演讲、去所内参加小组活动，我明白自己的改变可以帮助或是影响到更多需要帮助的人。

未来的人生道路还很长，我坚信我能够主宰自己的命运，因为我找到了能够帮我辨别是非、诉说心声的大家庭……

（曾于2021年10月10日发表）

路在自己脚下

大家都说：

“一日吸毒，

终身戒毒。”

其实戒毒并非想象中那么难！

在戒毒所时，

我觉得戒毒好难。

直到出所后，

遇到了同伴们，

我才觉得戒毒其实并非想象中那么难。

我相信：

“路在我的脚下，

只要坚持，

我就能迎接目标，

朝阳夕晖！”

【基本信息】

昵称：小桃　　性别：女　　学历：中专

工作：企业

年份(截至2023年)

我的生命历程

【吸毒】1999—2010年

1999年　止疼

我吸毒的起因是牙痛。1999年，我因为牙痛去医院看病，约小姐妹陪同。看完病，我去她家，发现很多人坐着正在吸食什么。我就问小姐妹："他们在干吗？"她回答："这就是传说中的'白粉'呀！你牙痛去看什么医生啦！吃这个就不痛了。"我当时真是牙痛得厉害，有一种迫切止疼的心理，又被小姐妹一撺掇，就试着吸了。吸第一口牙就不痛了，第二天牙痛了就又去吸……我逐渐成瘾。

第一次吸的时候，我并未真正体会到毒品带来的快感，抽完后一直呕吐不停，可牙齿是不痛了。当我第二次吸完后，那种云里雾里的感觉，一下子吸引了我。以至于牙齿不痛，我也会想着去吸。当时不清楚这就是在吸毒，一来我年纪轻，二来当时禁毒知识宣传得较少。

我只知道毒品不好,但具体会怎样并不知道。

吸毒后,我的生活发生了很大的变化。原来我在家朝九晚五带孩子,那时我女儿刚刚三岁。吸毒后,女儿我不管了,开始扔给婆婆。因为吸毒,一犯瘾家人就会知道,我是家也不敢回,也不能回。之后,我在外面借房子住,日子过得人不像人鬼不像鬼。早上起来第一件事就是去拿毒品。没有毒品,我都没心思洗脸刷牙。更夸张的是,我会赤脚穿一双棉拖鞋就去拿货(毒品)。拿完货,我才有心情洗漱,穿戴整齐。

我每天都过着东躲西藏的日子,长期吸毒,有人被抓后就会举报我,警察对我登记在案。我一出门就会有人说:“把她抓起来。”

那时我就在想:哪天我早上睁开眼睛,如果能像正常人一样,不用天天为毒品而奔波,我肯定会好好地过日子……

2003 年 一无所有

离婚后我谈了一个开赌场的男朋友。起初我并不知道他也吸毒,知道后我们就一起吸毒。赌场里能接触到许多吸毒的人,他们每天进赌场,赌完就坐着吸毒。整天吸了赌、赌了吸。就这样,我吸光了所有的家当。我先是卖掉了本田跑车的上海牌照,换成沪 C 牌照,然后又把本田车卖了,换成普桑,到最后普桑也卖掉了。没多久,上海的房子也卖了。其实我前夫家里条件很好,即使离婚我手里还有一定的资产。但吸毒让我从吃穿不愁,到后来车子、房子卖完,变得一无所有。

吸毒后,我经常不回家,家人并不知道我吸毒的事。我和男朋友在村里开赌场，正好隔壁邻居来赌，听说我吸大烟，他就回去和我妈妈说："你女儿抽白粉哦！而且是打针的那种。"等我回家，我妈妈就问我："人家说你躲在暖棚里面抽白粉啊？还打针什么的……"那时我是口吸，我就和她说："你看！我哪里有针眼？他们那种人就是这样的，看你日子好了，就巴不得你这儿不好、那儿不好！"她将信将疑，但在我身上又找不到针眼。其实我猜，她早就知道，只是我没有亲口承认，她自欺欺人、不敢面对。直到有一次警察到我家找我，我妈妈才不得不面对现实。

吸毒的人没有朋友，那时的"朋友"就是毒友。之前的好朋友都断了，我不敢跟他们联系，我觉得很自卑。而且坏事传千里，别人听说我被抓进去过，更不愿意与我接触，彼此也就更加疏远。

【戒毒】2007—2013年

2007年　为了爸爸

印象中，我自愿戒毒的次数数不清。其中，有几次短期戒毒算是成功的。一次是我爸爸去世的那年，我在湖北自愿康复戒毒机构戒了20天。因为爸爸病重，我必须到医院去照顾他。起先我只是贩卖毒品，后来抵不住毒品的诱惑，复吸了。爸爸去世后，我戒掉过一段时间，就怕万一大殓的时候，警察来抓我。

2008年　像"神经病"一样

我爸爸是2007年生病走的，2008年我就被抓了。其实，被抓的时候我的瘾并不大。因为按老家规矩，我爸爸去世一周年要宴请客人。那天来了许多客人,中午刚吃完饭,就来了四个人把我抓走了。我妈妈问我:“你干吗了?”我都不敢回答。我家里人那时候只是怀疑,还没有确定。我解释说:“没事,打麻将三缺一。”

我记得我是12点多被抓的。之前我被抓过几次,给家人通一通电话,是可以托人把我保出来的。在我的脑海中,我是不会被抓的,我有路子进去了可以出来。但是,那次我一个电话都没打,没有要求家人保我出去。我已经没钱抽了,东借西借、东卖西卖,最终还是要进监狱。我对自己彻底失去信心,心里烦躁,怨天尤人,恨我自己怎么就戒不掉。直到我被送到殷高路,我才主动给我妈妈打电话:“妈,我被抓了。”我妈妈问:“什么意思?什么事情啊?”

我是第一批强制隔离戒毒的,一抓就是两年——一年强戒,一年评估。可我当时误以为一年,反正进去的时候心也死了,我知道必须走这条路,不然我肯定戒不掉。

在殷高路,我被关了整整25天,没有睡过一天安稳觉,睡得好好的突然出一身汗,然后坐起来,心里烦躁不已,咕咚咕咚喝水,再睡下去,又坐起来……25天我记得很清楚!25天后我被送去女所。当天我静坐一天,晚上呼呼睡觉。从那天开始我就天天能睡觉了。

2008年　希望

在戒毒所里,我在大屏幕上看到叶雄老师带着团队过来演讲。之前,我心里是有质疑的:“难道真的能戒掉吗?大家都说一日吸毒,终身戒毒。”我对戒毒没有信心。旁边的学员也泼冷水说:“他们肯定还会吸的。”看到叶雄老师,我觉得我看到了希望,不过又有怀疑。无论怎样，我心里开始相信叶雄老师的团队，还是有不吸的人。我记得非常清楚，他们中有人已经戒断四年。他说："我戒断四年了，现在生活很好……"这在无形中给予我一种信心。我积极报名参加叶雄老师及其团队开展的同伴教育小组，可惜所里主管倾向于把这种机会给年龄较小的学员，我没有挤进去。那时我就想：出所后，我一定要找到他们。因为他们给了我一线希望。

2010 年　立誓

我在 2010 年出来，大概 2 个月后，与之前的朋友又有了联系，接触到以前的圈子，毒还是没戒掉。他们来找我，我也没有坚持住。我没有天天抽，也没有上瘾，只是偶尔吸一口。

之后的一天夜里 11 点多，我到家发现我妈妈还没睡觉。她坐在阳台背对着我，默默抽泣。我问："妈，你怎么了？"我妈回答说："没事……"我说："你赶紧睡吧！"我妈附和着说："我睡了。"我知道她是隐约感觉到我又在外面吸毒了，但她不敢直接说出来。跟我妈妈说完，我躲进卫生间，狠狠地甩了自己一个耳光。从不发誓的我，当时就立誓："我再抽就不是人……"我拿自己的女儿和家人发誓赌咒。那天之后，我就真没抽过！

【同伴教育】2012 年至今

2012 年　大大的拥抱

2012 年，我开始工作，第一次接触电脑。在百度上，我输入"叶雄"，查到叶雄老师的 QQ 账号，我主动加了她，备注里写道："叶老师,我曾经也是一个吸毒者。我是在女所的演讲会上看到你的,谢谢你带给我希望！你能加我吗?”叶老师加了我,还和我互通电话,约定见面的地方。

按照约定,我来到办公大楼,因为不知道办公室在哪里,我就打电话给她。她让我在电梯口等。叶雄老师出现的时候,我并没马上认出她,但我感觉她是,她手上拿着电话。于是,我主动上去问:“你是叶老师吗?”“你是小桃吗?”我回答是。她立即给我一个大大的拥抱。我感到好温暖,感觉好像找到组织一样。叶雄老师能戒断那么多年,而且还成立这样的一支团队,她是我心中的偶像。我们就这样认识了,她了解了我的一些情况。

回去后,我和家人说起,家里人都表示积极支持。那时,我在姐夫的公司打工,同伴团队有活动,我只要说一声,家人肯定会让我去。公司里照样算我上班,不会扣钱。早上敲个卡,我就去参加同伴教育的活动。我算是积极分子,什么活动都会参加。进入团队给了我一种希望,与其他人相比,戒断两年真是毛毛雨,两年是最少的,其他人都至少要四五年,甚至八年的也有。

2013 年　一定不能掉队

刚开始,我主要参加沙龙活动。等到叶雄老师看我恢复得不错,态度积极,就带我参加了第一期的“拾星者”活动。当时,我根本不在名单里,是叶雄老师带我去的。她说:“小桃,我今天让你去感受一下,以后你也试着写篇文章,来参加我们的‘拾星者同伴牵手项目’。”活动后,我就写了一篇文章《再无父亲可尽孝》。在演讲技巧培训中,我和晓荷都上去读了文章。晓荷爸爸也是刚刚去世，写了和我一样题材的文章。我们都读得眼泪哗哗。这是第一次写好文章演讲给大家听，勾起许多回忆和愧疚……这一年，区里举办“展现自我，重塑人生”活动，我再次朗读这篇文章，得了二等奖。那天，我二姐、大姐女儿受邀参加，外甥女全程录像，我二姐感动到哭，录像里都能听到我二姐的哭声。

之后，我去过上海女所、上海男所和山西女所。加入海星同伴禁毒巡讲团后，我不再怯场，自信心也增强不少。第一次演讲前，我上了四次厕所，拿稿子的手紧张到发抖。到后来，我可以脱稿演讲，脱口而出。我就想：无论我去哪个所演讲，台下的人肯定都认识我了，如果我再吸毒，我就太丢人，简直不要做人了。

参加活动是我对自己的一种鞭策。同伴教育团队里有许多人都戒毒成功了，这在无形之中给我一种压力，我肯定不能拖团队的后腿，千万不能掉队，我一定要赶上去，我也要过“十岁生日”！就是这种想法，让我坚持到现在。

2014 年　活着的意义

2014 年，我正式成为一名康复同伴禁毒志愿者。每次区里举办活动我都会参加。

当时，我们区里的同伴教育还没有挂牌。成为康复同伴禁毒志愿者后，我和小曾一起努力，先成立小曾工作室，紧接着镇里帮我成立了工作室。这也算是我们为区里康复同伴禁毒志愿者工作室挂牌做的小贡献。

我开始牵手其他同伴，包括刚出所的。平时，我会和他们联系，关心他们。我会组织活动聚在一起，联络感情。我曾牵手一位镇上的同伴，我们是在吸毒时候认识的，当时牵手采用抓阄的方式。十个康复同伴禁毒志愿者，十个同伴，大家的名字放在一起抓阄，我正好抓到他。我说：“好巧，我们很有缘啊！”我们从一起吸毒，一起犯瘾，一起戒毒，再到一起牵手戒毒。在我的牵手下，他已经成功戒断两年。

还有一次，区里组织活动，我得到机会，策划并主持这场活动。活动中，同伴之间的话语让我觉得每个人都很善良，他们一直怀抱感恩之心。每个人都在说：“看着父母年纪变大，我真正想通了戒毒的原因。”是家人给他们无形的力量。参加和组织这些活动后，我觉得戒毒没有想象中那么艰难！

做康复同伴禁毒志愿者很有意义。吸毒时，我觉得自己很没用，像个废人一样。现在，我做这些事，感觉到了活着的意义：我可以帮助别人，我也是个有用的人。牵手的同伴平时心情不好会和我联系。在所里我们会写信，出所后也会继续保持联系。一路走来，看着他们康复到现在成家，我觉得我很有成就感，我好像拯救了一个人。其实，从内心来讲，我们都是比较善良的人，对于每一位牵手的同伴，我们都不希望他再走老路；如果他们复吸，我们会很心痛。

2018 年　活着开心就好

现在的同事都不知道我以前吸过毒，只有一个很好的朋友知道。那是一次吃饭说漏嘴，我就不想再隐瞒了。因为我觉得好累，我首先和她说了我的过去。听完后，她说："小桃姐，你好伟大，你坐过牢？我都没看出来。"我就问："那你心里有看不起那些人吗？""没有。这既不是偷又不是抢，对吧？"这样一说出来，我觉得人很轻松。我相信她嘴很严，不会到处说。

我们同伴之间几个要好的，平时经常小聚。以前失联的或者知道我吸毒后疏远的朋友和同学，了解到我多年不吸，又有稳定工作，就彼此重新加了微信。渐渐地，年轻时结交的朋友和同学都找回来了。

现在我没有什么负担，我老公很好，公婆接纳我，女儿也很好。女儿工作了，工资比我都高，自己买房还贷。我老公常对我说："将来年纪大了，不知道会怎么样，也不知道有没有下辈子，对吧？只要现在活着开心就可以了。"

我也想，活着开心就好了……

我的生命故事

不闻不问

我女儿是怎么知道我吸毒的呢？

有一次，我带着女儿和外甥女去浴场洗澡。她们不知道我正好顺路给人送货。洗完澡出来，我们三个走在路上，两辆警车把我截下带走了。我女儿当时只有七八岁，她哭着说："你们抓错人了，我妈妈是好人！"其实，我心里很清楚自己是因为吸毒被抓。女儿和外甥女一起上了警车,医院尿检结果呈阳性。这是我女儿第一次知道我吸毒。晚上回家后,我女儿在床上等我,说:“妈妈,我知道你没事的,我知道他们抓错了。”我知道她是无法接受这个事实。

离婚后,女儿的抚养权本来归我。我吸毒被抓后,抚养权自动变为男方,我等于自动放弃抚养权。强戒出所后,人家给我介绍男朋友,我没说自己有女儿。这事被我女儿知道了,已经长大的她质问我:“你为什么不跟人家说你有个女儿?你就没把我放眼里,对我从来不闻不问。你知道吗?我第一次来月经,都没人教我,弄了一裤子……那时候你在哪里啊?”喝了点酒的我,一下子火气上来,我们大吵一架。我一气之下就说:“咱们断绝母女关系。我不要你管,以后我死在马路上,你也不要管。人家最多说‘那谁家妈死在那里了’。”她就哭着说:“我要打电话给我爸爸,叫爸爸来接我!”我说:“你打吧!走出这道门,你以后再也不要回来……”

平复了一会儿,我怀着愧疚带女儿出去吃饭,我们又和好了。

骄傲

家人知道我成为康复同伴禁毒志愿者后非常开心。

每一年,叶雄老师都会给康复同伴禁毒志愿者颁发奖状。我妈妈就会把每一个奖杯好好地摆放在玻璃柜中,每一份带框的奖状都用钉子钉在墙上,一个个整齐地挂起来。我妈妈为我能够真正走出来而感到骄傲。每次家里来客人都会问:“这个奖状是谁的呀?”“这是我小女儿的!”她每次都会很骄傲地回答。因为镇里都知道我吸毒,一看我现在有这么多奖杯和奖状,大家就知道我是真的变好了。

刚回来时，我的两个姐姐肯定是不相信我的，真是一点都不相信。她们完全不相信我改好了，毕竟之前的每一次都是家里托人把我保出来，然后又一次次戒毒失败再进去。我二姐曾经和亲戚说："我不相信我妹妹能改掉，那么多年都没改好，我不相信。"到现在，两个姐姐基本上不再提及从前的事情，都很相信我。他们出去旅游，姐姐们会放心地把家里钥匙交给我，让我帮着喂鱼、从保险箱里拿公章……家里的一切都会交给我。

我女儿毕业后开始进入试用期。有时候网购衣服，她会来问我的意见："妈，你给我参考一下，哪一件好看？"我们一起去马来西亚旅游，我对她说："妈妈也没什么东西送给你，给你买一套化妆品。"于是我买了一套她喜欢的品牌化妆品送她。我心里很满足，很开心，没想到我们母女关系还可以这样融洽。虽说没到无话不说的地步，但最起码我们走在路上，她能挽着我，边走边说。

这辈子值了

看我的身材，就知道我现在很满足！

我觉得我值了，这辈子我活得值了！

为什么这么说呢？

以前吸毒时，我根本没想过能过上"今天想吃什么就吃什么，想几点睡就几点睡，想几点起就几点起，想去哪里就去哪里"的日子。毒品控制了我：犯瘾了，必须醒来，去拿东西（毒品）……没有毒品我睡不着，晚上必须吸完才能睡。我和我老公说："想想以前在戒毒所里面，早上喇叭一响就要起床，现在在家多好。”有时候，下班回到家，我们弄点小酒、吃吃火锅，工作累了我们就出去旅游……我就说：“这个日子真的是太舒服了！”

我妈妈见我这么好，也很开心。每次回家，她都张罗着买菜烧饭，我的姐姐们会烧一大桌的菜……我女儿是我坚持下来的主要原因之一。我就想我女儿能找一个好点的老公。我的经历对她影响蛮大的，我希望女婿一家不要计较我的过去，相信一般开明的父母应该能够接受，毕竟人都会犯错。我想着我必须好好地生活。退休后，我帮她带孩子。享受着眼前的快乐，我会禁不住想：为什么以前不好好珍惜？白白浪费十多年宝贵的光阴……

我善于调整自己的心态：没有什么不开心的事，即便有，过几天就好了。

“有枫的日子”——致伙伴的一封信

再无父亲可尽孝

黄纸钱飘落在您的坟前，我把您呼唤：“爸爸，我回来了，您起来拿钱了！”却久久不见您的身影，我知道您累了，睡了就再也不想醒来。在那片土地上，我对着天堂轻轻地问道：“爸爸您可安好？在那个世界您可曾把我想起？”记得您走得匆匆，还没等我从容地尽孝，留给我一辈子无法偿还的心债。我站在爸爸的坟前，像婴儿一样哭泣。

有许多事时间久了就淡了，有许多人错过了终究都会遗忘，只有心中的思念和伤痛随时空沉淀，坚硬如石，沉于心底，每每在夜深人静时想起，便像钢针般刺痛着我的心，让我一阵一阵地抽搐。“爸爸呀，对不起！女儿不该不顾及您的想法而染上毒品。我错了，请您原谅女儿吧。”如今一切都晚了，所有的悔恨都显得那么苍白无力……

父亲去世已经十年，一想起他生病住院期间的情景，我的心就会像被刀剐一样疼痛。2007 年 3 月，父亲查出肝癌晚期，当时的我还是整天沉迷于毒品，每天从上海进货，再到崇明贩卖，过着以贩养吸的日子，从没有考虑过那将会引起怎样的一种后果，有时像例行公事一样到医院去看看父亲，刚坐下不久电话就会响起，然后我急着帮别人去送货。那时我父亲总是伤心地对我说：“你到底在做什么？我看你比国家领导人还要忙，不要以为你爸生了一场病就没油水了，告诉你，你爸还是个没被开发过的聚宝盆呢！”面对父亲的这般话语，我浑然不知其中的辛酸，甚至赌气不再去看他。也许是想着花钱买心安，弥补感情上的“欠债”吧，住院期间我请了个护工来照顾父亲，父亲的病房很整洁，从窗口望出去，芳草如茵，几名护工推着坐在轮椅上的老者在散步，四周寂静得令人感到心酸。同一个房间的大爷对我父亲说：“完了，这辈子完了，孩子不要咱们了。”父亲是个要面子的人，当然也是怕自己难过，他说：“没什么，老哥，既然孩子们小的时候要请人照顾，为什么咱们年纪大了就不能也请人照顾呢？孩子们也不容易，给咱们请这么好的护工就是孝顺呢！”我想起当年父亲送我上幼儿园的情形，第一次去我特别不适应，父亲便一直把我抱在怀里，直到进教室，他才依依不舍地把我交给老师。每天一放学父亲总是第一个等在校门口接我。曾经在家顶天立地的父亲，在医院里是否也像个无助的孩子，我不知道他是否也会不适应，是否也会盼着我有一天去看他。

三个月后，父亲终究还是没有逃过此劫，临终的那天晚上母亲打电话说父亲不行了，他很想见我。当时的我和一帮毒友玩得正热闹，我一边穿大衣一边恋恋不舍地说："没事的，类似的电话已经不是一两次了，我很快就回来。"当我摇摇晃晃赶到医院时，父亲已进入半昏迷状态，母亲告诉我说父亲是撑着最后一口气在等我。看见我，父亲虚弱地张张嘴，然后又摇摇头，但纵有千言万语，已说不出一个字来，大颗大颗的泪珠从他的眼角滚落，之后他疲惫地闭上了眼睛，再也没有醒来。此刻我才真正地清醒，才真正意识到事情的严重性。我双膝跪在地上懊恼地捶打自己的头："爸爸呀，您醒醒，您怎么一句话都不愿跟我说就走了……"那种锥心的痛和自责，无人能够理解。

每每想起我都无法面对这丧父之痛，其实表面上漠不关心的我，从内心还是很爱父亲的，现在想想真的很后悔没有好好地去尽孝。父亲忙碌了一生，也操劳了一生，甚至查到毛病的前一天他都在工地干活，父亲是个包工头，徒弟带了十七个，就是不懂享福。他答应母亲 65 岁以后带她去周游全国，如今一切都成为无法企及的梦，也成为母亲一生的等待。父亲，您一生讲信用，为何给了母亲一个永远都无法实现的承诺？

父亲的离去使我深受打击，一年后我出事了，被强制隔离戒毒两年。回归社会后，我下定决心开始新的人生路程，为了母亲，为了自己，为了完成父亲给予母亲的承诺，我必须扛起家里的重担，于是我离开老家，住到嘉定，开始一个全新的人生，如今我已成功康复7年。

我一直相信有魂灵，我也相信父亲一直在天上关注着我，因为当我再次走向父亲墓地的那一刻，真切地感受到那种父爱的温暖，我觉得父亲就像儿时的我一样，从未离开过。看着父亲的遗像，我禁不住伸手去摸了摸："父亲，如今我跟母亲一切安好，您的承诺我会帮您完成，您的宝贝女儿又回来了……"

（2013年4月2日撰写）

枫树林的守望者

不要被过去的经历压得喘不过气来。

我们可以做到的，

你也可以做到！

我们同伴会陪着你一起实现戒毒康复的心愿！

【基本信息】

昵称：康康　　性别：男　　学历：中专

工作：企业

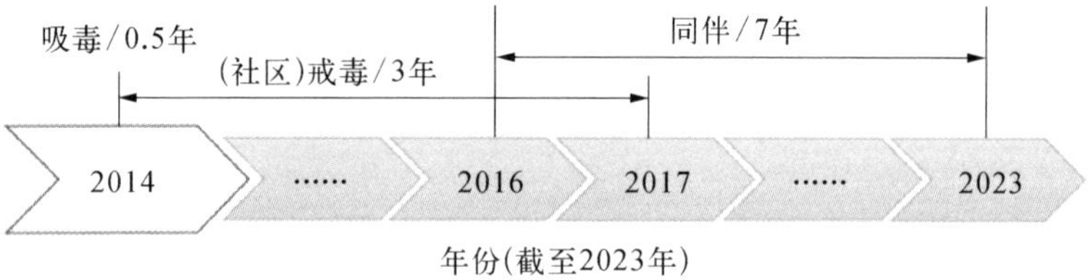

我的生命历程

【吸毒】2014年

2014年　好奇心

2014年左右，我接触的圈子比较有钱，圈子里的人觉得钱就是一个数字。赚钱后，除了去酒吧，大家基本上没有其他爱好，就想追求一点“刺激”的东西。在强烈好奇心的驱使下，我接触了毒品。之后，我首先感受到的是经济上的压力。虽然工作还在做，但已经产生了负面影响，有时候不去上班，有时候迟到早退。圈子里，如果有人上班迟到，我们就会怀疑他是不是在吸毒。以前的朋友接触得越来越少，我身边基本上都是毒友。身边的人渐渐离我而去，只剩下我自己，剩下的最多就是工作层面打交道的客户。

紧接着，是家人对我的不信任，说严重点就是众叛亲离。我父亲去世多年,我和母亲一起生活。她知道我吸毒后,开始管教我,我们之间有了争执。我搬出去与女友同居。没过多久,我女友也向我提出分手。她说:“你不戒毒,我们就分手。”

吸毒后,我觉得就像见不得人一样。我感到孤独、自卑、无奈和无助。

【戒毒】2014 年

2014 年 挑战

其实,我吸毒的时间并不长,不到半年。

为了前女友,我下定决心戒毒。去自首时,我对警察说:“我在吸毒。你们看着办吧! 自愿戒毒或者强制戒毒,随便你们……”

因为是第一次吸毒,我被拘留了两天,判了一个社区戒毒。我遇见了分配的社工。当时,我不太愿意接受社工老师,我们之间有点隔阂。我认为他们和我没有相同的经历,又是被派来管教我的。慢慢地,我们接触多了,特别是做尿检,我发现社工在秉公办事的同时也把我当“朋友”一样对待。和社工多次交流后,我们的谈话内容也从日常问候转向内心世界,包括我心里不开心的事也会和社工说。

我一共接触过两位社工。第一位社工接触不到一年,因工作岗位调整,就换成现在的社工宋晓燕老师。她原是其他区自强社工站的站长,经验丰富,与我聊了许多。第一次见面,她就问我一句话:“你想戒还是不想戒? 如果不想戒我们就不聊了。”她的话,让我感觉好像有点挑战的意味。女友以分手要求我戒毒,加之我内心深处也为被毒品控制而深感懊恼。在诸多“重压”下，我毅然接受戒毒的挑战。

【同伴教育】2016年至今

2016年　慢慢地做

2016年7月，在宋老师介绍下，我认识了叶雄老师，第一次接触到同伴教育活动。初见她，我根本就没有把她往那个方面(吸毒)想。因为刚开始大家都不认识，相互接触不多，更没有表明身份，所以我猜她可能是一名社工，或者是政府部门的一名工作人员，或者是一名志愿者。

我作为牵手同伴，先参加了一些活动，第一个是沙龙活动，第二个是“有枫的日子”，还有“同伴信箱”的培训、“海星同伴志愿者”演讲技巧培训等。经过一段时间，我不仅成为活动参与者，还成为组织者，负责活动统筹策划、宣传、统计资料等工作。叶雄老师让我从一些小事做起，慢慢地开始承担一些比较重要的工作，直到现在做到馨宁的总干事。

2017年　成为康复同伴禁毒志愿者

2017年，我正式成为一名康复同伴禁毒志愿者，同时也作为海星巡讲员在社区进行演讲。

自从我妈妈看过我的演讲后，我会经常回家和她聊聊关于巡讲的事情。我说：“每次巡讲就像是揭开一次伤口。整个过程就是揭开、贴上创可贴、再揭开、再贴……越贴越厚，我身上盔甲越来越厚。

现在，我已经觉得很平常了。”我妈妈点头表示认可，还说：“你真是改变了不少！”

我记得，没有参加同伴教育活动的时候，我是无助的、无奈的。那时的我有点木讷，很安静，不怎么说话，即便说话声音也很小。同伴们给我反馈说：“你声音没有完全放开。说话要有底气！”现在其实是一种改变。我妈还特意嘱咐我：“你现在处于康复期，我看到你信心等各方面都增强许多。如果你还有能力帮助别人，那就多帮人家一点。”我妈妈对我康复同伴禁毒志愿者的身份十分认可。

我觉得参加同伴教育让我身上多了一项技能，多了一分底气。这就像平时玩游戏升级一样，多了一个技能，我打赢 Boss 的概率就更大了。康复同伴禁毒志愿者的经历可以层层叠加积累，在不同方面历练，直到变成复合型的人。由于工作，我现在接触的人与之前大不相同，从居委会干部到民政局、禁毒办的领导。这既是一个自我救赎的过程，又是一个成长、积累和学习的过程。

成为康复同伴禁毒志愿者的意义在于让我更好地康复，更多地陪伴想康复的人。用心做好我的服务，陪伴好每一个人就好，相互陪伴就是最大的意义。

2018 年　边做边学

通过馨宁，我要为同伴申请更多的项目。通过项目挖掘更多的领袖人物，培养他们去做同伴教育小组，像我们这样服务更多的人。我们是先行者，先走到这个位置。年轻一代的想法可能会比我们更成熟，多元文化的融入，会使这个团体变得更好，机构也期待新鲜血液的不断加入。

在工作上，我边做边学，每天的工作就是学习。比如，叶雄老师会指导我们如何撰写项目书和收集资料，如何保证项目成效，每期活动该如何准备……这些都需要学习。第一次接项目是临危受命，我对什么是“路演”完全没有概念。在叶雄老师的提点下，我磕磕绊绊、踉踉跄跄才把项目拿下来。较之一年前，现在的我有了项目书拿高分的底气。再说到项目资料整理，中期评审时，王瑞鸿老师严厉又不失幽默地指出我资料准备得不足。那次分数很低，差不多刚刚超过及格线一两分。但到终期评估，我的分数一下子提升到近 90 分，这是不断学习的结果。

所以我觉得学习很重要。

我的生命故事

引路人

在我戒毒康复的路上，我有幸遇到几位好老师，包括我的社工宋老师、叶雄老师、华师大的韩晓燕老师、华理的徐永祥院长和王瑞鸿老师……

于我而言，他们是怎样的存在呢？他们是我同伴教育的引路人。第一位是叶雄老师，她就像是我的成长导师，启发我，培养我；韩晓燕老师在心理的自我调节方面给我许多帮助，包括华理的老师们给我更多的是专业辅导。

很多同伴也是我的老师。他们康复年限长,经验丰富,有自身优势。就像我在协会十周年活动上讲到的:“在不同的同伴身上,我可以汲取不同的养分。有的同伴责任感很强,有的同伴领导力强……古语有云‘三人行,必有我师焉’。每个人都可以成为我的老师,值得我学习。”

学习是一个互相的过程,形成一个良性循环。只要我们愿意学习,就必定可以学到很多。学习的过程就像我面前有一扇门,如果我不愿意开启,那我就永远没有学习的机会。我记得我写过一篇感悟,配图是一个男孩站在一间漆黑的房间里,门开着一条缝,透进一缕阳光。其实,戒毒也好,学习也好,掌握主动权的永远是自己。打开那扇门,阳光自然进来;关上那扇门,就是满屋漆黑一片,伸手不见五指。我被这幅画深深地触动,懂得戒毒完完全全是由我的意愿决定,也就是我们说的选择大于努力,选择必定会有结果。

戒毒过程中,如果出现复吸,心瘾是关键因素。尤其是只有一人时,无所事事,无事可做,无活动可参与,人非常空虚。男性可能会选择吸烟,像我一个人时就会吸许多烟,当然也会想到毒品,也就有了偶吸现象。

直到参加同伴教育活动,有了工作,我知道了身上的责任,于是学会了坚持。如今,我更加不会碰毒品。一来,如果复吸,就会辜负许多老师对我的期望,等于打别人的脸;二来,好不容易建立起来的家庭关系会因为我的复吸再次破裂。责任感是一个驱动力,让我不断地抵制毒品的诱惑。

有用的人

2016 年 3 月，“有枫的日子——记录生命历程”项目启动。通过一张照片、一篇小记或一段感悟，记录我们康复过程中的感受。这些人和事，比如一次旅游、一次同伴教育活动，开心也好，不开心也行，我们会把文章陆续发布到公众号上。

最初，我做“有枫的日子”的文章统计。每个月同伴们把文章发过来，我做好明细表后向叶雄老师汇报：有多少位同伴交多少篇“作业”。叶雄老师后续会挑两篇文章发到公众号上，这么多年，“作业”已经能汇编成册。我们希望让更多的人看到每个同伴的心声。活动过程中，我永远忘不了两个朋友——小美和小方。特别是小美，是她把我推荐给叶雄老师，做这份工作，属于同伴之间的推荐。我觉得别人给我一个机会，能不能做好取决于我用不用心。

此外，我们要给戒毒所里的戒毒人员写信，同伴教育活动中会有书信指导培训，包括写信的自我介绍。有些同伴的回信率很高。这是为什么呢？除了用心，如何结合个人的经历、放低姿态，才更能被接受，这些细节我们也会培训。

作为海星同伴禁毒巡讲员，我们也会做沟通技巧、演讲技巧方面的培训。比如，台风、语言表达、肢体语言表达方面的技能等。

参加这些活动，我感觉自己是个有用的人。社会工作的增能理论和优势视角，教会我一些技能，让我知道可以做什么、怎么做。每当我完成一些活动或者任务，我内心充满了成就感、荣誉感和存在感。那就是自我价值的体现,同时我过往的社会功能正在慢慢恢复。当我作为总干事,代表机构接触不同人,除了其他社会组织的同工,还有一些社工领域的专家。我的社会角色再次得到一个明确的定位,我背负着更多的责任和使命。这是一个从不完整(准确地说以前可能是完整的,但是有一段时间的缺失)到重新补充完整的过程。以前,我感觉没人能倾诉。现在,接触同伴团体后,知道大家都有相同的经历,当我再遇到困惑时,可以找到有相似经历的人讨教经验。

鼓励

记得有一次我在本街道巡讲,我妈妈碰巧要去街道办社保。在路上,我问她:“妈,我今天巡讲,你要不要陪我一起去?”我妈妈说:“可以啊,等我把事情办完,我就上来。”听到妈妈的回答,我既兴奋又疑惑,忍不住问道:“妈,这可是我们所在的街道,可能有很多认识的邻居,你不会觉得丢脸吗?”我妈妈说:“都过去那么多年,还有什么丢不丢脸的。”这句话对我的触动很大。我和家人间再次有了一些信任,这大大增强了我演讲的信心。

那次演讲,我没有能脱稿,是拿着稿子读的。我的社工宋老师就陪着我妈妈在下面看,同时聊一聊我的近况及康复情况。自从吸毒后,我和我妈妈之间的关系就不怎么融洽,两个人更像是上级跟下级的关系,沟通也不多,我妈妈一直处于不信任我的状态。有时候我一个人在房间里待得久一些,我妈妈就可能在门口听里面动静……在活动结束回家的路上,我小心翼翼地试探:“妈,我今天讲得还可以吧?”我妈回答说:“嗯,东西写得可以,声音也响了,但是以后最好脱稿。”妈妈的点评，让我觉得这是家人的一种鼓励。后面的演讲，我更愿意参与，也愿意尝试脱稿。

另外，我奶奶也知道了我之前的经历。有一次，她打电话给我妈妈说：“我孙子现在还在玩吗？为什么还经常那么晚回来?”听完后，我妈妈很斩钉截铁、很有底气地回答：“如果你怀疑自己孙子的话，那我觉得这个家人就没有必要做了。”这是妈妈对我的信任。妈妈对我强调过：“现在，无论你怎样，我都不会怀疑。”这是一种很大的激励和鼓励，除了得到家人的信任，过往关系疏远的亲戚朋友也重新回来了。

我当时的女友也知道我过往的经历，说：“你要记住。第一，我男朋友是个正常人，我觉得他以前的经历不算什么。第二，你也不要老是把‘同伴’的标签贴在自己身上，你出去就是一个正常的工作人员。”她的话无形之中给了我很大的鼓励。做康复同伴禁毒志愿者会因为宣传活动等涉及个人隐私，我觉得既然我们做这份工作，就应该抬起头来做正经的事情。我永远是一个同伴，这是我给自己贴的标签。当我想去帮助人的时候，这张标签恰恰最具感染力。就像叶雄老师所说：“我们有不好的经历，但是我们可以把不好的经历转化为资源，帮助到更多的人。”

我的人生规划是“先成家后立业”。现在我已经结婚，接下来就是我的事业了。我深刻感悟到家和万事兴的重要，并由此激发更多的责任心，我的使命感和愿景成倍增强。我希望当自己离开人世那天，从康复到康复同伴禁毒志愿者，直至人生最后一刻，我都可以自豪地说“我再没有碰毒品”,以便对我自己和家人都有交代。未来,我会将更多的心思放在工作上,余下的事就顺其自然。

反省

作为康复同伴禁毒志愿者,我的另一个职责就是牵手出所的伙伴,让他们更多地参与比较正向的活动,定期地互相问候、聊天,使他们更好地融入我们同伴群体。

对于牵手的同伴,如果他一直处于好的、良性的循环状态,那我不会过多介入。因为他有自己的想法和生活,只要目标是积极正向的就可以,我觉得太多的干预是对他的不信任。所以,平时我们的接触并不一定非常频繁。但他遇问题或者向我寻求帮助时,我一定会想尽办法提供帮助。这是我向社工老师学习的方法——充分信任和适度介入。

目前,我牵手的对象不多,最近刚刚接触崇明的同伴。其实,他已经戒毒很多年,在戒毒的同时还开了一家饭店,去帮助更多的戒毒同伴,提供就业平台。他做事认真,对我触动很深。这也是机构一直在做的一件事。我们希望更多的个人和团体能为禁毒(同伴)这份事业做一些努力,做更多的宣传,寻求更多的社会资源和帮助。比如,当政府和社会不能为戒毒人员解决就业问题时,我们更要自立自强。

牵手是在帮助他人的过程中帮助自己。在帮助他人的时候,我会反省——原来那时候的我也是这样的！那时我是怎样解决的呢?我会和他们分享一些经验,这本身也是一种巩固康复的过程。

同伴需要榜样的力量。我觉得与其说是帮助,不如说是协助和陪伴。吸过毒的人通常缺乏信心，面对如此境遇的人，同伴都愿意服务他、尊重他，那他就可能因为这一点而戒断。他会感到被尊重、很有存在感，跌落过谷底的人，更需要这样的服务。

为此，每次的同伴教育活动我们都很用心。

“有枫的日子”——致伙伴的一封信

父亲，儿站在墓碑前对您说

“父亲节”是西方国家感恩父爱的节日，在我小的时候，这个节日并不流行，我也不太懂。随着改革开放，西方文化元素不断渗透，“父亲节”也逐渐引进，以感恩父爱如山。

而我则永远失去在“父亲节”为父亲送上一句“节日快乐”的机会，原因要追溯到17年以前。当时的我正处于初中即将考高中的关键时刻，一个晴天霹雳突然降临——父亲被查出肝癌晚期。家里到处弥漫着沉重而悲伤的气氛，我不知道该怎么去接受眼前所发生的一切，学习成绩开始不断下滑，最后不得不放弃参加中考的机会，选择一所中专。我希望能尽快踏入社会，尽快工作，减轻家里的负担，赚钱为父亲治病。然而，两年后父亲还是倒下了，永远地离开了我们，离开了这个家。对于我而言，那时候，我正值从少年迈向成年这一人生关键时期，最需要父亲的指导和教诲，但我的父亲离开了我，从那以后我变得越来越安静，越来越不喜欢和别人交流，越来越孤僻，我的快乐就此定格在17岁……

在我的印象中，父亲总是那么开朗，那么幽默，他虽然是一个工资不高的园艺师，但是兴趣爱好极其广泛，喜欢养花种草，喜欢钓鱼，喜欢养鸟……是一个充满生活情趣的人。父亲平时对朋友贴心细致，从来不以高低贵贱结交朋友，这种品质影响我至今。哪怕是面对病魔的那段岁月，父亲依然乐观，心态很平静，面对病痛的折磨，他的笑容依旧灿烂、暖心。在追悼会那天，前来送别父亲的人整个灵堂都无法站下，由此我见识到父亲平时的为人处世有多么成功。在我的记忆里，父亲几乎没有打骂过我，从来都是以礼、以理、以情来教育我，他从来不崇尚“棍棒底下出孝子”的理论，所以在家里我和父亲的关系像朋友，父亲去哪里，我都会像跟屁虫一样地跟着他，这一切仿佛就发生在昨天，历历在目。这也是我从不追星，而只把父亲当作一生偶像的原因。我崇拜我的父亲！

父亲的离开，也使我和母亲的关系愈来愈差，我们经常吵架，我也经常夜不归宿，后来搬出去独自生活 7 年之久。母亲认为，我在父亲的追悼会上念悼词的时候没有一点伤感，没有流一滴眼泪，反而觉得轻松，甚至是愉快。而在我的想法里，父亲的离开，大家的心情已经很沉重了，为什么要把这些本该属于我们自己的悲伤和哀思表现在外人面前，这不是父亲愿意看到的，也无法使父亲安息。所以在母亲眼里，我一直是一个不孝之子。久而久之，我的喜怒哀乐，我的爱好，我的生活状况，我的爱情，我的工作动向，我统统都不愿意和母亲分享，只是默默地在心里对父亲诉说。我感到迷茫、无助、无奈，直到 30 岁的时候我错误地选择了毒品，选择了暂时的逃避和一时的快乐……

在父亲离开的15个春夏秋冬，每一个清明，每一个冬至，不管我是和母亲一起，还是独自去父亲墓碑前祭扫，无论风霜雨雪，从未间断，哪怕是我沉迷于毒品的那段日子里，也一直坚持！也只有在那一刻，我感觉到了安宁，感觉到了温暖，感觉到父亲就在我身边：我们可以一起抽烟，可以一起小酌，在父亲面前我可以肆无忌惮地流泪……

父亲，儿站在墓碑前对您说：

儿子曾经埋怨过您的突然离开，让我承受那么多痛苦与折磨！

父亲，儿站在墓碑前对您说：

儿子遵守您临终前的遗训，这辈子没有上过赌桌，却上了毒桌，对不起！

父亲，儿站在墓碑前对您说：

儿子在您面前忏悔，答应您戒除毒瘾，此生不再碰毒品，健康积极地坚持下去！

父亲，儿站在墓碑前对您说：

儿子希望您在天有灵，保佑家里平平安安！

父亲，这块您安息的墓地，虽然阴郁，却反而是一个可以让儿积攒能量的地方，让我这个曾经经历过阴暗的人，有勇气抓住余生可以吸收每一缕阳光的机会，儿会坚强地走下去，不会再让您失望！

都说父爱如山，于无言中坚定；父爱亦如海，深沉而宽广。而我的父爱却是那样温柔与温暖。“父亲，儿祝您父亲节快乐！”

（曾于2019年6月12日发表）

这辈子都是禁毒志愿者

我觉得还是要有信心！

我们都是可以做到的。

我还希望有需要的人，

可以来找我们，

加入我们。

我们很欢迎！

希望这支队伍越来越壮大！

【基本信息】

昵称：小樱　　性别：女　　学历：大专

工作：企业

年份(截至2023年)

我的生命历程

【吸毒】2006—2015 年

2006 年　逃避挫折

2006 年，我结识了一些社会上的朋友，他们在家里吸食毒品，就劝我一起用。当时，虽然冰毒并不普遍，加之对毒品的打击力度不算大，大家的法律意识也比较淡薄，但是始终有个声音在脑海说：“这不是什么‘好东西’！”我的内心有一道防线，并没有去碰它。但在 20 岁时，我在感情上遇到一些挫折，想逃避，就主动提出要尝试吸食毒品。现在想来，还是因为太年轻！

刚开始吸食时，毒品对我的影响并不算很大，我既没有成瘾，也没有自己购买。那时，我没有工作，也不常回家。我的内心比较空虚，加上父母离异，总之我在家里待不住，就一直住在朋友家，我们一起吸食毒品。

吸毒是一个从量变到质变的过程。开始时我吸食的频率并不是很高,有时候甚至两周才吸一次,不过几年下来就慢慢成瘾,吸食的频率越来越高,发展到后来一周一次,被强制隔离前已经到了一周三次。

吸毒之初就是单纯觉得好玩,但没想到后来对毒品越来越渴求、越来越依赖。

【戒毒】2008—2015 年

2008 年　根本没想过要戒毒

我进过两次强制隔离戒毒所,之间的反复,主要和我的思想意识有关。

2008 年,我第一次被抓,判强制隔离戒毒。当时,我根本没有想过要戒毒!在里面,我只是完成生理脱毒,心理层面压根没有转变。我们都说在里面是“铁窗疗法”。在那个环境里,没有毒品,想拿也拿不到,不得不强制性戒毒,但在思想上还没有隔绝毒品的影响,也没有很强的戒毒意识。我在里面唯一的感觉就是失去自由很痛苦,又因为知道这只是暂时的,我并没有深刻反省吸毒行为的错误,更没想过以后会怎样。加之戒毒后变胖(大概胖了 20 斤),女孩子又爱美,大家都说:“吸毒可以减肥。”出去后,为了漂亮,我复吸了。

2011 年　有点想戒

2011 年,我第二次被抓去强制隔离戒毒。这次我有点想戒毒,可是还是想靠吸毒减肥。

2012年　榜样

2012年，我在所里第一次接触到同伴教育活动。叶雄老师和一些同伴成立“心荷同伴教育成长小组”，分享她们的亲身经历和感受。对当时的我来说，她们起到了榜样示范的作用。我觉得叶雄老师好了不起，是一个伟大的女性。她过去也和我们一样，但是获得现在的成就、地位和影响力，我觉得很不容易，充满鼓舞人心的力量。人心总是向好的，我当时就被她激发出向好的心，想要向她学习，于是就有了一些信心。

2013年　执着

我对减肥可能有点执着。2013年再次回归社会，2014年我又一次复吸。

2014年　给我机会

进入社区康复阶段，我们要定期进行尿检。几次下来，我的结果都不好(尿检阳性)。幸运的是，我遇到愿意给我机会的社工和警察。尤其是我的社工，她一直想挽救我，对我看管得很紧。也许这就是人与人的缘分，她觉得我有希望，一直没有放弃我。

在所里，我认识了叶雄老师。出所后，我的妈妈找到叶雄老师。她给我提供了个案服务，定期约我和我妈妈进行面谈。我复吸很严重的时候，我妈妈就产生报警抓我的念头，叶老师很客观地劝我妈妈：“不要再贸然抓进去，这不一定是好事，会伤到孩子。”叶老师对我抱有希望。

【同伴教育】2015年至今

2015年　神奇

叶雄老师用各种方法帮助我。她给我介绍治疗戒毒的心理医生,我去尝试过,但是效果不明显;给我介绍戒毒的医院,我没去……叶老师还为我介绍了一个很好的康复同伴禁毒志愿者。很神奇,这次我一下子就戒掉了。可能每个人的因缘不同,我就是通过同伴教育戒断的毒品。

直到2015年6月,我终于彻底戒断。

戒断后的我像变了一个人一样。以前,我今朝有酒今朝醉,生活散漫,也很自私,只管自己开心就行,不管别人会怎样。现在我的思想和观念发生翻天覆地的变化。我知道很多事不能说、不能做,更不能伤害别人。人活着的意义就是要帮助别人,无论以什么样的形式,说的话、做的事都要利他。我觉得吸毒的人都有一点自私的特性,就是因为自私才会不顾别人的感受去吸毒。我们现在康复得很好的人,像康复同伴禁毒志愿者、禁毒志愿者,都多少有无私奉献和大爱的精神。比如,我们去敬老院都是无偿的,连车费补贴也没有,在这种服务他人的行为中,我们体会到幸福,这是一种无可比拟的幸福感,是物质无法带来的。

2016年　这辈子都是康复同伴禁毒志愿者

2016年,我成为康复同伴禁毒志愿者,基本上所有活动我都参加过,主要参加的是“同伴信箱”的写信和个案辅导活动,“海星同伴禁毒巡讲团”也有参与。

写信也好，个案辅导也好，演讲也好，都是我改变自己的巨大动力。我现在考到了社工证。这对我来说是一件非常开心的事情，是我对自己的肯定和认可，督促我成长。

我觉得成为康复同伴禁毒志愿者就意味着有责任、有义务帮助更多人。我发愿："我这辈子都是康复同伴禁毒志愿者，我会以各种各样的方式，尽己所能去帮助有需要的人。"我希望以后能多点途径接触那些还处于迷茫期或者还不确定未来人生目标的人，能去帮助到他们。不一定非要是大事，哪怕是一点点的小事，能帮助一个人，能起到一点作用也是好的。对此，我的父母也很支持，因为我就是这样走出来，能再这样去帮助别人就非常有意义。如果我说的话、做的事对别人哪怕能起到一丁点作用，我就感觉很欣慰。我和母亲分享过这一想法，她觉得很开心，她也有帮助相同经历的人的心愿，她很欣慰我如今的成就。

2018 年　满意

现在的生活我挺满意，各方面都挺好。

我的父母一直支持我。因为我还没成家，他们最大的心愿就是我快点成家，而且我不用养家，没什么负担，所以活得非常开心。

现在我的朋友多数都是"同伴"，要么是因为信仰认识，要么是有着相同的经历。对于不知情的人，我的内心还是有点介意。我不想让不知情的人知道我的那些事情。他们会觉得我在做社会工作，在做禁毒志愿者，非常有意义，但我没有告诉他们我之前的经历。

康复同伴禁毒志愿者前辈看着我们后来的人进步飞快，经常给予我们鼓励。同伴间也会相互鼓励和肯定,我们非常乐于看到彼此的成长。

我想像叶雄老师一样去做一些很有意义的事情。我从一个有过不良经历的人,经过蜕变,不单单自己戒断,还成为一个助人者。角色转换犹如凤凰涅槃,收获颇丰,这是一个成长、重生的过程。

我的生命故事

没有放弃我

其实小时候我是比较优秀的,学习成绩很好。但在我 10 岁左右,父母离异,对我产生了影响。他们离婚后,我就好像没有心思再继续念书。中专毕业后,我就踏上社会,很多伙伴的家庭都有类似情况。

我跟着爸爸,但我妈妈并没有不管我。她会经常关心我,也会来家里看我,但在感情上始终是不一样的。我的继父对我很好,胜似亲生父亲。在我人生处于低谷的时候,在我吸毒的时候,他们始终没有放弃我,他们很爱我。

因为吸毒,我不知道应该怎样面对家人,我几乎不回家,和家里的关系很僵。他们很焦虑、很担心我。但我就是往外推的态度,甚少与他们接触和深度交往,这些举动深深地伤了他们的心。

那段时间,我妈妈活得暗无天日,她觉得天都塌了。她几乎不出门,心情不好也不知道怎么和别人讲,更不想让别人知道我的事。我戒断后，她说：“我的整个生活都好起来了！”她觉得心情好了，生活顺了，也愿意出去玩了。吸毒让我的性格扭曲，脾气暴躁，经常摔东西，对父母大吼大叫。戒毒后，我能体会母亲之前的痛苦和不易，家人之间变得畅所欲言、有话好好说。大家的生活都有改变，我们彼此的关系也越来越好了。一家人能很融洽、很和睦、很开心地相处。

坦然面对

在没有吸食毒品之前，我也觉得毒品很吓人。影视剧中有点妖魔化吸毒者——犯瘾的时候会乱吼乱叫。其实，真的没有那样，哪怕是吸食海洛因的人也没有这样。所以，不要说外界其他人，如果我没有吸过毒，听说有人吸毒，我也会很害怕，远远地避开，这种社会观念是根深蒂固的。

所以，很多事需要我们自己做，去改变。我觉得一个人的修养，包括外在形象很重要，也要注意个人的言行。行为是可以改变的，要靠自己，先天较之后天，后者更重要。

我觉得叶雄老师很不容易。她现在不管在哪里，都不忌讳说出她的身份。这与她的年龄、资历，以及取得的成就都有关。她已经强大到不再惧怕别人的眼光。我和她还有一定的差距。我现在走到哪里都还不敢公开。我想这是一个慢慢来的过程，需要时间的积累。

我希望不久的将来，我可以很坦然地面对自己过去的身份。

同伴教育活动最主要的是榜样力量，不仅带给我影响，而是彼此之间相互影响。我们传递正能量——我们康复得很好，生活得很好。常说毒友容易交叉感染，在一起就会有不良行为。但在同伴大家庭中，同样都是有相同经历的人，起到的是一个完全正向的作用，促进了正能量的传递。我现在交往的大部分都是同伴，不是毒友，而且以前的毒友也都改好了，我会在有意无意间影响他们。目前，我身边基本没有吸毒的人，并非刻意疏远，是伙伴们都不吸毒了，圈子也就渐渐净化了。

感动并快乐

我参加过很多同伴教育活动，其中印象最深的是一次康复同伴禁毒志愿者培训。康复同伴禁毒志愿者小姚说："我的一个牵手同伴情况不太好。我心里很焦急，用尽了各种方法。"就像是家人一样，我们真心很在意、很在乎牵手同伴。这是很特殊、很非凡的情感。一个毫无关系的人，把他这么放在心上，把他的事这么当回事，就像是自己的家人、亲人一样，我觉得特别感动。

同伴教育活动给我的生活和工作带来很大的信心。我经常和一些同伴去旅游，感觉很开心。渐渐地我爱上了旅游，旅行能给我一些物质无法带来的乐趣。很多康复同伴禁毒志愿者同时也是志愿者，除了做禁毒志愿者，还是敬老院、"阳光之家"的志愿者。作为一名志愿者，我时常会参与活动。这些活动给我精神上带来的幸福感是物质无法比拟的，更带来了我之前吸毒时从未体会过的快乐。

帮助别人

同伴教育活动中，我最喜欢写信这个活动形式。我觉得写信是很有心、很用心的陪伴，可以直接与所里的人产生连接。通过信，对方会把所有的心事都告诉我，我"倾听"，适当地给出一些建议。我每次都很用心地写，见证他人的心路历程，我觉得非常有意义。

有一位所里通信的伙伴回来后就与我联系，现在我们的关系很好。她和别人好像都不太有联系，就跟我一个人联系。我觉得很欣慰，说明她对我比较信任，这是一种缘分。在信里，我告诉她："你回来后，我希望你能和我联系，我愿意陪伴你，我们一起相互扶持，走好戒毒康复这条路。"

还有一次，我和阿芳姐去所里开一个座谈会，分享我们戒毒成功的经历。现场，很多所里的姐妹表示十分想加入我们的队伍。没过几天，就有人来协会找我们。这说明分享行之有效，能立竿见影。我感觉很开心，我想能多参加这种有实质性的、直接作用于这些服务对象的活动。

"海星同伴禁毒巡讲团"举办的活动提升了我的演讲能力，我也喜欢这个形式。在另外一位同伴组织的提篮桥服刑人员禁毒宣传演讲中，面对这么多失去自由的人时，我感同身受，泪流满面，失去自由真的很痛苦。我当时就发愿："我要帮助有相同经历的人，让他们远离失去自由的痛苦。"这也是促使我不再复吸非常关键的一次同伴教育活动。

所内演讲的方式督促我不但要戒毒，还要学会帮助别人。

"有枫的日子"——致伙伴的一封信

光 之 勇 士

曾有一次，我被不熟悉的人诽谤成"吸毒者"，早已离开"毒圈"的我气愤又难过。我不禁思考：归来后，如果我们被轻视和被辱骂该怎么办？

自从加入巡讲团，我收获无数。克服恐惧、增加个人魅力，我一步步建立自信，但最让我欣喜的是我拥有了无尽的勇气。

有一次叶雄老师带我们在七宝演讲，听众是协管人员。我们在演讲时，台下喧哗吵闹。一些听众脸上满是不屑，嘴里还说着："吸毒人员有什么好讲的，谁要听啊！他们死了才好！"当时我们都很气愤，一位同伴甚至委屈地流下眼泪，想放弃演讲，立刻离开这里。叶雄老师见状，语重心长地安慰："他们确实过分，但我们完全不用在意。总会有人不认可我们，我们只要做好自己，作为一名巡讲员，哪怕台下只有一个人、哪怕没有人在听，我们还是要坚持完成演讲。"叶雄老师的话深深地触动了我，我想起加入巡讲团的初心：现身说法，榜样示范，为我们的群体发声；宣传禁毒，弘扬正能量，改变公众对康复人员的看法。

如果听到不一样的声音，是否就要选择退缩呢？我想，成为一名禁毒战士，不仅要战胜毒魔，还要使自己的内心变得强大，只有这样才能无惧外在的一切，成为一名真正的勇士。

前英国首相丘吉尔说，一个人能够面对多少人，就代表着他有多大的成就。而演讲就是如此神奇，你永远不知道，你在不经意间播下的一粒种子，会在哪些人的心中，会在哪些时刻，生根发芽，开花结果。我要感谢巡讲团这个平台，让我活成一束光。光源者，先熠熠生辉，后照亮他人！

（曾于 2019 年 4 月 4 日发表）

寒冬中的“君子”

我最想和正在戒毒的伙伴说：
“参加我们同伴辅导团队，
会给你很大的惊喜！”

【基本信息】

昵称：小军　　性别：男　　学历：大专

工作：企业

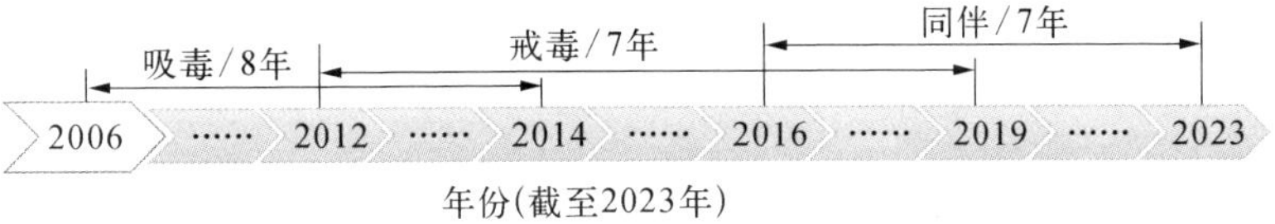

我的生命历程

【吸毒】2006—2014年

2006年　好东西

2006年，我从单位辞职，自己做生意。在深圳时，海南的一个朋友带着另一个朋友到我们吃饭的包间。他们拿出冰毒吸食，劝我：“这是‘好东西’！可以解除烦恼。”我不知道毒品的危害有多大，抱着一种尝试、好奇和侥幸心理，开始沾毒，第一次吸毒就是这样开始的。吸吸停停，周而复始。

从此，我的生活和生意都与以前大不相同。

生意上，因为我长期吸毒，无心经营，毒品慢慢耗尽我的积蓄。每天我用在毒品上的费用从几百到上千，与日俱增。生意场上的朋友们离我越来越远，合作伙伴越来越少……生意没了，每天我只顾着吸毒，与毒友为伴。

此外，我的家庭关系也发生了很大变化。看着我日益沉沦，无心打理生意，对他们的态度也非常冷漠，他们不仅劝我，还对我采取家庭式强制管理，把我“关押”在家，锁起来不让我出去。一日三餐送进来，烟买好……这样大概持续了一个月，家人看我各方面都有恢复。我也有意愿不再碰毒品，想重新做人，回到人生的正常轨道，就把我放出来了。可一旦出门，短短几天，我又恢复成老样子，毒友一叫就去，一去就吸，一切又回到原样。

我开始逃避接触社会。我知道吸毒肯定会被抓，心理压力倍增。当时抓得严，拿到毒品后，我就经常躲在一个地方，和几个毒友在一起吸食。

我戒毒后又复吸。一方面是因为我毅力不够，毒品的诱惑太大了；另一方面是我的心理压力大，难以面对。我曾经辉煌过，而现在吸毒花费巨大，经济状况恶化，家人和社会关系都渐渐离我远去。种种原因造成了我信心不足，加之毒友的呼唤，一叫就去。

【戒毒】2012—2019 年

2012 年　三次被抓

我没自愿戒过毒，主要的戒毒经历就是三次被警察抓。第一次是在 2012 年 11 月，那次拘留 5 天；没过两个月，又被抓了，第二次是拘留 15 天。真正把毒品戒掉是在第三次——2014 年 7 月，我被抓进强制隔离戒毒所。两年的强制隔离戒毒使我戒断了毒品。

2016年 想做回一个正常人

按规定,出所时会有社工和警察来接。所以,我一出所就遇到了我的社工。

社工在我刚进所时就开始给我写信。第一封来信的时间,我记得很清楚,是我刚进强制隔离戒毒所的第四个月。他在信里进行了自我介绍,是我们镇里专管戒毒的司法社工,并表示能在生活、工作、家庭和心理辅导等方面给予我一些帮助。我回了封信给他,告诉他我在戒毒所里的生活、工作等情况,并向他表达了出所后想做回一个正常人的心愿。两年里,我们断断续续有过七八次的书信来往。

即便如此,出所时社工第一次来接我,我对他依然不是很信任,甚至是排斥的。社工能帮我做什么? 能解决什么问题呢? 能帮我解决温饱问题吗? 能给我救助吗? 能给我经济支持? 还是能帮我找工作? 信,说实话,在所里是抱着无所谓、打发时间的态度写的。强制隔离戒毒所管理严格,能与外面接触的机会不多,除了家人,只有社工可以写信进来。第二个原因是写信能够作为一种沟通的方法,我想了解他们,事实证明,他确实谈了许多事情。第三个原因是社工年前去了一次我家,看望我母亲和家人,这一点触动到我了。不管他带不带东西,作为一个跟我并没有往来关系的普通人,他能看我家人,我很感激他。出于对他个人的尊重,我经常给他写信,他也回信给我。当时并不是出于对他工作上的信任,而是他的人品吸引了我。

【同伴教育】2016 年至今

2016 年　释放内心

2016 年 3 月出所，5 月我就在区里接触“海星同伴禁毒巡讲”活动。我听他们在台上谈到自己的经历，回归社会后对自己的认识，包括对毒品危害的认识，我感受到他们的不易：过去十几年的吸毒生涯，经历风风雨雨，进去出来，出来进去……叶雄老师的“从地狱回到人间”这句话触动了我。因为经历过，他们于我是一种激励，是一种正能量。我开始主动接触同伴团队里的人，与叶老师有了电话和微信的往来。叶老师和社工经常关心我的工作、生活和家庭情况。因为我的写作能力比较强，同伴团队就让我写几篇稿子尝试发表。

我抱着这种试试看的心态参与同伴教育活动，刚开始时我不敢上台。第一次上台印象深刻。是在区里的一所学校做巡讲，我把自己的人生经历都讲了出来，从吸毒前到吸毒，到被抓，再到现在……我讲出内心的真实想法，以及想呼吁社会的话。因为是第一次，我很紧张……下台后的我感觉内心得到了释放，心里的包袱没有了。

2017 年　舒服

2017 年 10 月，我正式成为康复同伴禁毒志愿者。促使我成为一名康复同伴禁毒志愿者的最大因素是我曾经的那些同伴们。我看到他们不管是登台巡讲，还是参加小组活动，人很正气，充满正能量。吸毒的人和不吸毒的人做事风格是完全不一样的。曾经，我吸过毒，知道每一次吸毒前、吸毒中或者吸毒后，会总是以自我为中心，既不会接纳任何人，又不可能对任何一个人产生信任，更不敢面对社会，总觉得社会上的人会唾弃我们这种人。然而，在同伴教育活动中，我们都像亲人一样，只要不触犯法律底线，我们可以自由交往和畅所欲言，我觉得很舒服，心情愉悦。

做康复同伴禁毒志愿者给我带来最大的改变是思想层面的进步。作为康复同伴禁毒志愿者，我经常参加市区同伴教育活动，一年至少四次。我也参加了同伴志愿者联络会，主要任务是表达康复人员的心声。这些会议和活动对我来说都很重要，我可以了解国家和社会对我们这一群体给予的支持和关爱，再将这些信息传达给我的同伴们，让他们得到精神支持。

简单地说，我第一次尝试毒品是出于一种寻求刺激、好奇和迷茫的心态。吸毒后，反反复复，进进出出，可以说万分痛苦，身不由己。两年时间的强戒，我从生理和心理上都认识到毒品的可怕。随着年龄增长、孩子长大、父母年迈等各方面的变化，更让我反省内心。回归社会后，在同伴这里，我收获了很多的正能量。我看到曾经吸毒的伙伴如今活跃在社会上，散发光芒。他们的点点滴滴是这样的不同……今天我能做一名康复同伴禁毒志愿者，对我来说是一种荣誉和自豪，同时也赋予了我一份责任。我会更好地用康复同伴禁毒志愿者的身份，给需要帮助的人提供更多帮助，在社会上发挥正能量，传递人与人之间的关爱。

现在我的家庭生活其乐融融。我的妻子是一位贤妻良母，把家庭里里外外都照顾得很好；我希望儿子能在岗位上更好地发挥他的能力，拿到更大的荣誉和更高的工资；我自己能在事业上发挥最大的潜能，同时把家庭经营好。业余的时间，我可以去帮助一些有需要的人，无论是吸毒的人，还是社会上其他人，我会伸出援助之手，用现在的清醒代替曾经的痛苦和迷茫，使我不断得到救赎。

我的生命故事

正能量

刚踏入同伴团队时，我更多是抱着一种无所谓、试试看的心态，还有就是想了解一下之前吸毒的人的现状。在接触到他们之后，我感受到他们身上散发出的正能量。

是什么样的正能量呢？

首先，能助人。他人的吸毒经历、惨痛的人生故事，演变成文字、语言，转述给别人。这些故事生动地告诉别人毒品的可怕、吸毒的后果……触动那些已经吸毒的、想吸毒的或者已经想戒的人，得到一个心理、生理等各方面的改变。

其次，能助己。成为康复同伴禁毒志愿者对个人会是一个很大的帮助。我为什么加入这个团队？因为在这个团队里，我看到的全是正能量。不管是对毒品的认知，还是对社会、对他人，全都充满正能量，而我们这些人需要的就是正能量。还有一个需要是什么呢？我们需要一个团队接纳我们，需要社会接纳我们。吸毒后，我们内心非常自卑，总觉得自己不是正常人，客观地说有些自卑是社会歧视造成的。在这个团队中，我们能自我放松、自我发展，能把自己想说的、想做的都表达出来,得到内心的释放,同时能够展现自己各方面的能力,这就是我所说的助己。

最后,从更宏大的角度来说,能助社会。像我们这些人能够宣传毒品的危害,在社会上会产生不同的共鸣,让不了解毒品的人深谙毒品的危害,鼓励吸毒的人把毒品戒掉,证明毒是可以戒的。

成为一个正能量的人后,我经常参加由社会、企业和学校举办的同伴教育活动。我心里始终坚信一点:毒品,我坚决不沾。第一,我要维护好现在的名誉和形象;第二,不能再给家庭带去伤害;第三,对于给过我帮助的那些人,我能回馈给他们的就是再不吸毒。

异样的目光

参加过许多活动,我印象最深刻的一次是去一所学校巡讲。进场时,台下已经坐满了学生。虽然老师很欢迎我们,但是我总能感受到台下的学生用一种异样的目光看着我(们)。

为什么?

因为他们不了解我们这种人。“毒品”宣传得多了,“太可怕”已经深入人心,对于吸毒的人应该唯恐避之不及。我们经常听到的一句话是“毒品猛于虎”,而我们吸毒的人就是与“虎”为伴的人,而且比老虎更可怕。

这就是一种刻板的社会印象!

苦

回归社会后,我应聘过许多份工作,但四处碰壁。最后,我直接去做了美团外卖骑手。第一份工作真的非常辛苦。

2016年年底，刚下过一场雪，我接了一笔190元的单。送到时，晚了四分钟，就只有四分钟。在他家楼下，我打电话说；“东西到了。”他说：“我已经退单了。”我问：“为什么？”他说：“已经超时了，超过十点我就不吃东西了。”哇！当时我真蒙住了，真想把外卖摔到他家门口，骂他一顿……但为了保住这一份工作，也为了给自己一点信心，工作还得继续干。我把这份190元的外卖拿回去，同时因为超时，还被扣了100元。这笔单子我不仅拿不到一分收入，反而还要罚钱、倒贴……唉！我的内心真有种说不出的苦。原先我从来没干过这样的活，也没受过别人的气，但我还是坚持下来了。回到家，我把190元的东西全部吃完，睡一觉，第二天继续上班。我强迫自己忘记这件事。为什么呢？因为吃了这个苦，我才知道干每件事都不易。我还想到我自己，原先过着多么富足的生活，现在则过得这么辛苦，这种落差使我必须坚持下去。之后连续一周下雪，我每天都干到很晚，凌晨两三点才回家。不久，我得了小中风，一下子嘴都歪了，半身麻痹，住进医院。我辞去了美团的工作，真的是太苦了。

身体恢复后，我就想去单位应聘。每次应聘前我都清楚地告诉对方：“我曾经吸过毒。如果能接纳、信任我，我就在你的单位好好工作；如果不能，我就立即换个地方再应聘。”虽然社会上好人很多，但是大家对吸毒者的态度还是很排斥。

第二份工作是化工厂的操作工。这个工作也很辛苦、很累，24小时轮班制——连着干24小时再休息24小时。当时我想证明自己能在社会上立足,再大的苦我也能吃。就这样坚持了九个月,直到我找到另一份更好的工作,我跳槽了。这九个月真的很累很累,眼眶发黑,还要接触有毒有害的化工产品。但我要给自己一个交代,给家里一个交代,给社会一份满意的答卷。我不吸毒了,也能从事正常的工作,我能胜任这份工作,我能在社会上立足,就是这种信念使我坚持了下来。

第三份工作就是目前的这个工作。公司主要业务是第三方监护,也就是安全监护。像化工企业、学校、企业的用水、用电、用煤,包括电梯用电,只要是涉及安全性问题,我们第三方就去做监护,辅导相关人员怎样正确合理地使用可能有安全隐患的水、煤、电等,带给更多生命安全保障。这份工作比较省力,我考到了安全监护员证和安全注册工程师证。

排斥

前些日子,我又经历了一次内心的抉择与痛苦。为什么这么说?还是回归这个话题:社会对我们这些人的排斥。

我现在在一家德企工作,位于上海最大的一个化工区。那天,我刚到办公室换好工作服,就走进来两位警察,直接把我带走。我问他们:"你们凭什么把我带走?"他们说:"你是一个记录在册的涉嫌吸毒人员,我们要对你进行例行检查。"我说:"可以,我配合你们检查。"尿检结果正常,我以为就可以走了。但是,他们并没有让我走,把我带上车后,直接没收了我的手机、钱包、钥匙,把我关了起来。一位警察说:"我们去调查一下,有人举报你涉嫌贩毒。"我说:"贩毒是要有证据的。你可以去了解一下，我现在在社会上是个怎样的人。我是康复同伴禁毒志愿者，在上海市禁毒志愿者协会有记录。我还上过电视、法制报、广播电台，是榜样人物，这样对我是不公平的！”他说：“你别说话，现在配合我们调查。”我说：“可以。”这是作为一个公民的义务，我可以接受。六个小时后，他们和我说：“正常的，你回去吧！”拿到手机一看，单位给我打了一百多个电话，我妻子也找我半天，但我的电话打不通，微信没法回。我是项目部经理，那天本来约好签约，结果无缘无故失踪半天，造成很多负面影响，老板对我意见很大。正常情况下这种例行检查我都是配合的，但不能让我失去自由，不能影响到我的家庭、工作和生活。

我觉得社会对我们这种人还是很排斥，特别是警察。只要曾经吸过毒，或者贩过毒，警察就无法对我们完全信任。我期望这次经历的诉说，能让社会知道，不要一直用这种排斥的、异样的目光看待我们。

牵手

做康复同伴禁毒志愿者时，我曾牵手我们镇上一位同伴李梅（化名），当时的记忆历历在目。

她曾经三进三出，家庭早已不复存在，人生经历惨痛变故。她幼年时，父母离异，母亲带着姐姐改嫁离开本地。她16岁开始独立，父亲是一个社会不良人员，在她未成年时入狱，判了有期徒刑6年。等她父亲出狱，她已经成年并辍学，在社会上到处游荡，没有工作。家里也没有其他人，一切生活都靠她自己。她接触到社会上混的人，跟着沾染了毒品。她父亲还在监狱时,她也进了戒毒所待了三年。那是她第一次进去。

出所后,她一个女孩,又吸过毒,家庭条件不好,没有生活收入,更没有任何朋友、亲人的关心和帮助,短短一年多的时间她就因为再次吸毒被强戒。第二次出来时,我没接触到她,但她的经历我是知道的。

等她第三次出所,我以康复同伴禁毒志愿者的身份与她相识。接触一段时间后,我感觉她本质不坏。因为她内心无法从家庭和社会中得到帮助,才会第三次复吸。

这次她回来后,在政府、社工以及我的努力下,拿到了第一笔三个月的生活最低保障金。刚出所的她身无分文,一穷二白,什么都没有,拿到第一笔钱的时候,她热泪盈眶。前两次出所她都没有过这种感受。再者就是帮她申请廉租房。经过我们一年多的努力,各方奔走,她的廉租房申请通过审批,她得以顺利入住,有了真正属于她的家。我们还帮她找到一份宾馆前台的工作。她每天都坚持准时上下班,风雨无阻,有了稳定的收入,她还谈了一个男友,一起生活……一切回归人生的正常轨迹。

她为什么会发生这么大的转变呢? 因为我们给予她的帮助,她说:“如果我再违法犯罪,或者再吸毒,就太对不起你(们)的帮助了。”她得到了方方面面的关爱,内心的正能量被激发出来,开始感受到社会对她的帮助。现在,让她去吸毒或者做点什么坏事,已经没有任何可能了。

“有枫的日子”——致伙伴的一封信

风雨骑士

最难忘的是2016年，我成为一名送餐员，闲暇时我做了一首打油诗，书写了我作为送餐员的心声。

披星戴月大半年，各种辛酸体会完；
平台时间总缩短，不闯红灯送达晚；
一闯红灯真危险，交警看见就罚款；
一张罚单50元，罚走半天辛苦钱；
遇见商家出餐慢，心里着急直流汗；
好不容易取到餐，慌忙赶往客户处；
爬楼来到家门口，电话不通人没有；
上报异常往回赶，二次配送不加钱；
偶尔也有送达晚，客户百般难为咱；
满脸赔笑忙道歉，投诉差评加埋怨；
跑单辛酸说不完，只愿别扣辛苦钱！

（2018年4月24日撰写）

靠近阳光会温暖

戒毒我们都可以，

只要有信心。

戒毒是一个过程。

每个人的想法不同，

每个人的处境也都不一样。

我无权去说应该怎样！

我只能说：

“没关系！

人生可能就是一个不断犯错又不断修正的过程。

我们会一直在这里等着你，

只要你愿意来！

如果你觉得还需要时间，

那请记住我们始终在原地等着你。”

【基本信息】

昵称：苏苏　　性别：女　　学历：大专

工作：企业

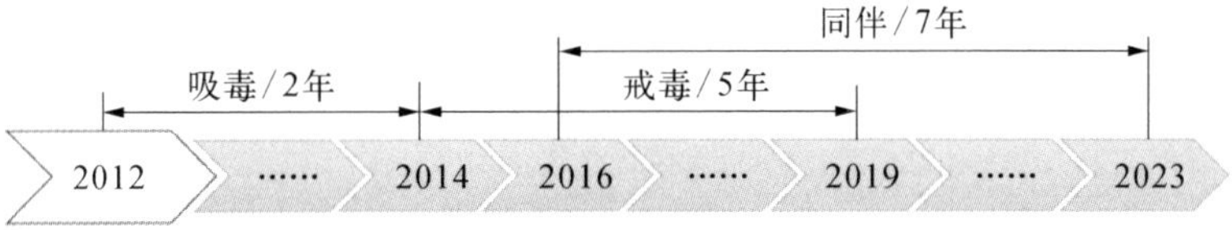

年份(截至2023年)

我的生命历程

【吸毒】2012—2014年

2012年　提神

我以前是做经纪人工作的，工作强度比较大，经常需要到外地出差，频率高时一周三四天。我的办公室有一个行李箱，常备替换衣服，随时准备直接打包出差。这就导致我存在时差问题，有时会精神不济。听圈内朋友介绍：“……吸冰毒可以提神……”于是我开始接触冰毒。现在想来，除了工作压力，以及受朋友的影响，最主要的还是我自身有一定问题，工作强度大并不是吸毒的理由。

我最早开始吸毒还有一个原因，说来也很可笑。朋友告诉我说：“这个(冰毒)可以治哮喘。”这真的是巨大的诱惑。我喘得厉害时，吸两口就不喘了。哮喘药、咳嗽药水和感冒药等都含有麻黄碱相关成分。但是，它们作为处方药，是可以在医院配到的，与毒品有着本质区别。感冒药代谢三天以后就没什么影响了，毒品则需要七天。我们现在康复的人，不管三年已满还是其他，特别是像我们这样的同伴群体，比如说我，感冒时不会服用感冒药。因为万一遇到检查会比较麻烦，解释不清。我们比较看重药品的成分，会使用其他没有这些成分的药。

刚开始时，我吸上两三口会整晚睡不着，第二天冲个凉，就可以精神抖擞地照常去上班，觉得蛮好。最初吸毒对我似乎没什么影响，我的需求量不大，基本上就是一个星期一次，有时半个月一次，有时是周末、晚上不太想睡或者睡不着时，有时是在朋友聚会中比如过年去酒吧唱歌、节假日或者同学生日等。我吸毒的事，只有部分朋友知道，我和家人分开住，直到我进去(强制隔离戒毒)，他们才知道。

【戒毒】2014—2019 年

2014 年　记忆深刻

2014 年 11 月，我在朋友家吸毒被抓。我被判两年强制隔离戒毒。出所后，我基本上就没有再吸。

虽然当时已经有一定年纪，但是我对毒品的认识还是不够深刻。我身边的朋友也没有因吸毒被抓过。我认为吸毒的处理最多就是社区戒毒，或者拘留，不知道会被判刑。在我的认知里，吸食冰毒并不算很严重，因为它没有成瘾性，与海洛因不同。我对海洛因的知识来自电视剧，就知道海洛因需要每天服用。进入监狱学习后，我才知道两个都是毒品。

现在想来，强戒两年是好事。如果只是拘留，我是否会彻底戒断呢？里面的两年，让我记忆深刻，让我下定决心一定要戒毒。那种生活根本不是我想要的，我必须得戒毒。在所里，我看了吸毒状况的集中展示，庆幸自己还没走到最坏的那一步。一般吸毒3～5年，精神或身体会发生一些变化。我当时的情况还好。但不管怎样只要吸毒，情况只能越来越坏，不可能越来越好。我告诉我自己应该清醒了，早点被抓也好。

刚进去时，我的生活发生了翻天覆地的变化，人生非常迷茫……比如，进去都要剪头发，剪到露出耳朵，剪得很难看，没有型。每个人都是齐耳短发，就像电视里看到的那样。家人来探视时，我都戴着帽子，不好意思让家人看见这个发型。再比如，我会想很多事情，都是些很琐碎的小事，现在想来很可笑。在里面，什么事自己都不能做主，包括写信也没自由，一个月才能写一封。很多事情要交代，各种琐事，想到的事好多……那个时候才明白几页纸都不够写！我一方面在想："哎呀！要写的东西好多啊！"然后又觉得："这样交代有意思吗？"反正很纠结，差不多哭了整整一个月。

一个月以后，不管我行不行，我必须得适应，而且还需要完成高强度的劳作。刚下大队也是各种不适应。比较能适应的就是生活作息：每天早上六点起床，在家的话我差不多七点到七点半起床；晚上没有电视，睡得早。里面就是一个小社会，有各式各样的人，有好有坏,有进来一次的,更多是多次进来的。由于劳动任务重,我总是拖我们小组的后腿,因此受到处罚。我的劳动任务是做转笔。做得手上都是血泡,用针挑了第二天继续。我们基本就是低头做,不能说话,喝水、上厕所都受限制。上厕所来回需要排队,走路要符合规定,必须贴着墙角走直角。强制性规定必须做到,不然就会挨静坐处罚。不管做什么都不自由,我从一个原本非常自由的环境,到了一个什么都受管束的地方,落差极大。除了生活的不适应之外,更多是身份转换的不习惯。其实,吸毒的时候应该是有预兆的,只是我从来没有给过自己一个预警,一下子进去,完全不知道未来会怎样……

这样折腾了三个月,幸好,主管队长对我挺好的,多次找我谈心,还推荐我最早加入了心荷同伴教育成长小组。

2015 年 我也想那么久

2015 年,我在所里通过心荷同伴教育成长小组的审核,开始接触同伴教育活动。

当时,我对小组并不了解。主管队长推荐我去,我心里其实有点不情愿,我心想:劳动这么忙,还让我用业余时间去,回来还得劳动。但去了第一次后,我感觉真好。因为从我被抓开始,我看到的、遇到的都是我的对立面,遭受的都是各种打压,我的情绪一直很低落、很压抑。第一次活动时遇到叶雄老师,我感觉到了温暖。我相信每个人的内心都是渴望拥抱阳光的。她告诉我:“我已经戒断十几年了……”我当时就想:“我也能戒断那么久。”

心荷小组的活动让我开始适应所里生活。我记得第一次活动有个冥想环节，叶雄老师让我们闭眼冥想三分钟。在有空调的活动房间内，我感觉很舒适，一下子就睡着了。平时，到晚上睡觉前，我不是在劳动就是坐着接受新手集训，没有停歇的时间。而参加完活动，我感觉到了放松。如果是没有相似经历的人和我谈话，我会觉得有距离感，会把自己封闭起来。即便是主管队长和我谈话，也是一种居高临下管理者的态度，叶雄老师她们却不同，这让我觉得我也可以像她们一样。

心荷小组的活动一月一次。我开始在里面期待每月一次的活动了。一方面是因为在那一小时里活动气氛比较放松，谈话都比较平等，彼此没有距离感。另一方面是穿着统一服装的我，看着外面来的、状态良好的她们，我的心情和状态随之变好了，这些都会在脸上或者语言中体现出来。

除此之外，同伴阿芳姐和在所里的我通了足足 18 个月的信。通信之初，我迷茫于出去后会怎样，充满消极情绪。她就告诉我："可以戒的！我已经戒断十年了。我之前是三进三出，现在也戒断了。吸毒的人并不都是坏的，我们只是在某一方面生病了，现在就像生病了去医院一样。"她的这个理念还蛮对我"胃口"，给了我极大的安慰。我就当自己现在"生病"了。有的病是身体上的，有的病是精神上的，生病了需要进医院治疗，最重要的是我自己要意识到这是一个病。吸毒的人各有各的原因，但最后只有"戒"这一条路，因为不戒身体终将承受不住，家人、社会和政府也不会放过。

【同伴教育】2016年至今

2016年　主动联系

2016年,出所后一周,我主动联系他们,这是在所里约好的。半个月左右,我就参加了“有枫的日子”线下见面会,见到了晓荷老师,也终于第一次见到阿芳姐,感觉很亲切,我们之间的互动很多,持续至今。“有枫的日子”是个记录“一拍一记一感悟”活动,主要面向康复一年的同伴。但直到现在,每次活动我基本都参加。

差不多年底的时候,我从原先一名“有枫的日子”的参与者,变成“有枫的日子”的幕后工作者。我负责收集同伴们写的“一拍一记一感悟”。同伴们会写:每天花开了,我有什么样的心情;或者今天领导表扬我了,我感觉心情好;或者我今天在马路上看见一件什么事情;哪怕很小的事,我有怎样的心情和感悟……他们写下来,我帮着编辑,大哥配图。我们几乎每天会在“‘有枫的日子’记录生命历程”公众号上发布一篇小文章。

2018年　绝不走回头路

2018年3月,我和叶雄老师、冬梅还有小姚一起去了山西某女所。对此我印象深刻,那时是我回来的第17个月,对比叶雄老师则是康复的第17年。我觉得身边有这么一位知心大姐真好。虽然是山西的女所,但和我待过的女所一样:整齐的服装、齐耳短发,坐的是没有靠背的小凳子……我的眼泪唰地流下来!同样是进女所,却形成巨大的反差。进去过的我当时就想:万一我复吸,那我就又得在里面待两年。我一下子就被打回了原形,再去重复那两年,然后再来……不断地重复、重复，有什么意义呢？人生没有那么多时间可以重来。好玩的、好吃的那么多，应该想想不一样的生活。那样压抑的、被控制的、不自由的两年绝对不想要了，我要珍惜现在，那样的经历一次就够了。

我告诉自己："我绝不走回头路了。"我现在每天都在坚持，我想过正常的生活，想要正常的社交，想要别人正常平等地看待我。摆在我前面的路，只有戒毒。除了戒毒，除了坚持，我别无选择。

在我参加过的活动中，印象最深刻的应该就是那次去女所巡讲。因为那就是我的经历，我知道，当时如果我只是拘留，可能感触不深，不会戒断。吸毒让我有一种畏光心理，即便被抓之前，我也觉得这(吸毒)不好，见不得光，但依然存有一种侥幸心理。回看那段岁月，现在的我觉得那段经历挺"好"。我说的"好"要加双引号，是这段经历告诉我"毒品有危害，真不能吸了"。如果没有那两年，现在的我可能还在吸，一切都是未知。人生一世，不一定有多少富贵，但吸毒的人肯定身体健康是没了，不会比现在好。

我很满意现在的生活，除了身材不能控制，其他都挺好的。出所后，我就开始没有节制地吃、睡前吃，睁开眼就是吃……差不多胖了40斤，刚出所时只有一百零几斤。现在除了体重不能控制，其他没有什么困难。

我现在的工作主要是公司文案策划，兼职出纳。出纳工作大概一周上两次班，比较弹性。公司主要接一些中老年人活动，像黄兴路杨浦大剧院的活动，还有些青少年的活动、比赛或者考级等。

朋友圈子里新旧朋友都有，但我与新同事间并不谈这个事情（同伴辅导），大家相处得挺好。有时候，我会带发小和同伴一起聚会、吃饭。我想也许等一段时间，和同事彼此再熟悉一点可能也会带他们一起来活动。

两年的缺失，让我思考未来，想想未来的路应该怎么走。我对未来的期待蛮多的：第一个期望是狂吃不胖；第二个期望是身体健康；第三个期望就是带家人多出去走走，多陪陪家人。有了前后的反差，我现在觉得挺好，知福惜福！

我的生命故事

这一跤摔得蛮厉害的

这一跤摔得蛮厉害的！原先我一直认为吸毒是我个人的事，进去后才知道这不单单是个人的事。

进去后，我才幡然醒悟吸毒这件事对家人的冲击有多大，才开始担心会拖累家人。在里面听说，我坐牢的话会导致孩子不能考重点学校和单位，政审通不过。逢年过节，别人会问起："唉？你女儿呢？"我妈绝对不可能告诉别人我去了哪里，而且我又不是出国留学、上班或者是出去旅游。两年里，我妈只能回复好奇我踪迹的人："去外地了……"

第一次探视是我妈过来了。她哭得非常厉害，30 分钟的探视时间里哭了 25 分钟，基本上没有说话。我真的很内疚，就和她说："你下次不要来了。”原先我一直觉得我花的是自己的钱，那时才觉得真的是对家里有愧，觉得对家人有影响，特别是我爸妈年纪大了。之后，不管家里人如何催，我都不见他们了，特别是逢年过节的时候就更不会让家里人来。这种压抑的心情，就像我去医院探望家人或亲戚朋友，他们状况不好，我就会担心、揪心，我和家人都是这种压抑的心情。

这段经历说白了是真苦，但这是我自作自受。当时莫名其妙就受诱惑，抱着玩玩的态度，感觉没什么大的危害，直到进去了才发现对家人、对自己都是一种伤害。我的人生被全盘否定了，需要重新来。我必须挨过去，挨过去就会好一点。很多人说涅槃重生，我从来没想过涅槃重生，更不敢这么说。我只知道既然错了，就必须得改。

我现在就想做个普通人，踏踏实实地过日子，过一个正常人的生活，就这么简单。社会上每个人都会有各种困扰。有些事当时觉得痛，过几年再看会好很多，当时的困扰到现在反倒都解决了。每个时间段每个人的想法都会发生变化，最主要的大方向不变就可以了。

把自己圈起来

刚进所的几个月，我非常迷茫，不知道未来会怎么样。我拼命在想出去后要如何面对朋友、同事……现在想来，那是多想了。从踏进那个门(戒毒所)起，我与原先那个圈子的关系就发生了一定的质变。

进去前，我自己还有一家小型文化传媒公司。出所后，原来的工作没了，自己的公司也进入与合伙人协商理赔阶段。合伙人挺宽容，并没有告我。但是因为我个人原因让公司蒙受损失，让合伙人投资受损。而原先公司的一些同事基本上都不再联系,最多就是过年的时候在微信里发一发消息,就算有时邀约我也不太愿意去,生怕谁会问起“消失两年,去哪里了”这种问题,我心里会有抵触。除非是一些非常要好的同学、发小,或者小范围内的朋友知道这事(强制隔离戒毒)。其实,回来的这几年,除了我们同伴圈子,我基本不对外人说这件事。

不知道为什么,我会莫名地排斥以前朋友的邀约。比如,以前公司群里的朋友主动邀约,还是之前关系好的,也只有春节会去见面,其他时候我都不愿意加入。和社会脱轨两年,经历空缺了两年,我有自卑感,觉得无论怎么努力,那段经历在那,我就会自觉靠边站,我心里过不了这一关,需要时间调整。

这种排斥在工作中也会遇到。出所两个月左右,我就找到了工作,是在关系要好的朋友的公司,一直干到现在。回来后,我在微信里一冒头,他就私信我:“你到我公司来吧。”这个朋友虽然没有明说,但我觉得他懂——我无缘无故在微信圈里消失两年,然后一下又突然冒出来。他从来不问我这两年去哪里了,我觉得是给我留有余地,是对我的一种尊重,毕竟我这个事是不值得拿到台面上说的。在公司里我做着老本行,如果需要去外地出差,我会比较排斥。我怕刷身份证、入住酒店。只要身份证一刷,社区康复三年内的会主动报警,警察就可能出警(虽然目前还未遇到过)。出差我们都是两人一间房,被同事遇到出警会很尴尬。我比较逃避、抗拒这件事,总是会找各种理由不去,能不去就不去。

那段经历让我知道吸毒是不好的，以后不能再碰。我希望自己遗忘这段经历，也希望大家遗忘，这是给自己最好的祝福。

靠近阳光会觉得温暖

同伴教育活动最重要的是可以让人看到好的方向。在这个群体中，我会有一种积极的心态。这是一种“多米诺骨牌效应”，当看到前面的人（其他同伴）已经戒毒十几年，我就觉得我也可以，这种感觉就像靠近阳光会觉得温暖一样，真好！

同伴里有坚持了五年、十年的……叶雄老师是近二十年，阿芳姐是十几年，大家都康复得很好。他们的个性比我好，我是比较慢热、内敛的性格，叶雄老师、阿芳姐、晓荷老师都是充满感染力的人，阿芳姐性格开朗，叶雄老师比较感性，还有康康、大哥……不过我们静下心来都很好。

同伴教育其实就是一群想靠近“阳光”的人聚在一起，彼此相互吸引。我会和想戒毒的同伴说：“他们可以戒毒，他们行，我们也行！”我还要和自己说：“我必须坚持，前面已经有人坚持近二十年了。”

有人说：“人活在世界上，需要四种感情：亲情、爱情、友情和第四类。”我觉得家人是最重要的。我妈妈非常认可同伴教育活动，我也带她参加过类似的活动。我觉得要想康复，家人这一因素非常重要。我家人都比较支持我，朋友们也很赞成。我身边知道我进去过的朋友基本上都知道我参加同伴教育活动。不过，单位同事知道得不多，不是怕同事不理解，而是担心需要多费口舌。我采取“一刀切”的方法，相信相处时间久了，比如在一个单位一年以上，同事可能会知道。

助己者

刚回来时,我很迷茫。叶雄老师说:“唉!你也做康复同伴禁毒志愿者吧!”然后,我就开始给在所里的戒毒人员写信,当时真是非常高兴。叶雄老师属于第一代,就是飞跃大墙的形式,阿芳姐她们属于第二代,我是第三代,很高兴我们现在有第四代了。我坚持给所里的同伴写信,基本上每月一封,希望她可以回来(回归普通人的生活)。我用我的经历告诉她:“戒毒是不容易,关键是我要戒。”就像当年叶雄老师她们在前面拉我一把,阿芳姐在后面推我一把,我就站起来了。我并不是说未来一定要怎么样,其实只要不吸毒,怎么样都是好的。现在,她已经回来,我们在徐汇见了一面。她找了一份化妆品销售的工作,我们都觉得挺好。只要正常地生活,正常的一日三餐、两点一线,家人不再担心,就挺好的。

成为康复同伴禁毒志愿者后,我的生活更加充实。我几乎参加了所有的同伴教育活动,每个月要写许多信。我们的信规定都要用手写,不可以电脑打字打印。虽然,打印信上的字也是我们一个个打出来的,但是,手写的信比较有亲切感,与打印信给人的感觉不同。可惜我小时候没好好练字,字有点丑。除这点缺憾之外,我最喜欢的就是写信,包括寄往湖北的和山西的,我们也会去“牵手”。

我参加过一次“海星同伴禁毒巡讲团”,讲述自己的经历。因为工作原因,我不能一周多次请假,所以只参加过一次。我们还有一个“老三八”亲情项目。项目对象是妇联评选的各行各业退休的“老三八”红旗手。我们会去探望这些年龄普遍在 75 岁以上、和子女分开住或者子女不在上海的独居老人。我们也有一些人会跟着阿芳姐去“阳光之家”做志愿者。“阳光之家”里都是“阳光宝宝”，他们平时都在室内活动，见到我们去，他们很快乐。第二次去，他们竟然还记得我，我很开心，有一种被认可的感觉，“阳光宝宝”可能有些方面不完美，和我们一样，看到他们我会产生共鸣，觉得他们很可爱。我每年都会参加阿芳姐组织的阳光之家“六一”活动。我们会准备一些节目，大家一起互动。

同伴教育活动让我有一种向心力，能引起我的共鸣。一些在外面不敢说、不能说的话，可以和同伴们说。有些情绪上的问题，说出来就好了大半。生活中，我们周围的家人、朋友没有吸毒、复吸、康复的例子，无从借鉴。在同伴这里，我们有一些成功的案例可以借鉴。我希望像他们一样，可以坚持五年、十年、二十年……

说实话，我没想到我这么快能成为康复同伴禁毒志愿者。之前，我只是一名受助者，现在我能成为助己者。我个人感觉我还没能帮助到别人，我更多帮助的是我自己，还没到帮助社会这一步。这个转变，让我在参加活动的时候告诉自己：“我必须戒毒，除了坚持，我别无选择。毕竟已经苦过两年，我要让我妈妈安心，让家人安心，还要让我朋友安心。”

我觉得首先得自己好，就是“我要戒毒”。戒毒是对自己好，对自己好了才能对家人好。如果再次因为吸毒被关，我怎么对家人好？那只能拖累家人。现在，我对自己的要求就是戒毒，开开心心地活着，过好每一天，身体健康！

“有枫的日子”——致伙伴的一封信

坚持——才能将幸福长长久久握在手中

2019年5月9日，阳光明媚。这一天对其他人而言就是一个普普通通的平常初夏日，但对我而言意义非凡——刚好是我离开女所回归社会的第29个月。2016年12月9日，我在我们中队王警官的护送下，离开了戒治两年的女所。而2019年5月9日的今天，距离上次出所整整29个月，我在叶雄老师的带领下一起来到女所，给女所第九期心荷小组的学员们分享自己的康复体会。再次进入女所，表面上我很平静，内心却波澜起伏。再次回到这个曾经生活过两年的地方，内心有着许许多多的感触，相同的地点和场景，心情却是大大的不同……

见到心荷小组第九期的学员们，我的内心多了许多亲切感，因为我曾经也是女所四大队的一名学员，我也曾是心荷小组第六期的组员，看见她们就像看见两年多前的自己，那时的我和现在的她们一样内心对未来充满渴望，但更多的是迷茫、惶恐和不安。

5月9日的活动主题为“起航——我们从心开始”。活动开始时，主带叶雄老师向大家讲述了小组取名为“心荷”的寓意，是希望心荷女孩们能心生清荷，如莲那般不去弄影舞婆娑，做本真的自己，生如夏花，死如秋叶，走向健康的心境……叶雄老师还希望学员们的心能随着走入小组的步子，从寒冬中苏醒过来，让我们一起聆听康复的密语……再次听见叶雄老师那充满磁性的嗓音娓娓诉说心荷的寓意，我的脑海中就像小电影一样浮现自己作为心荷小组第六期成员时，第一次在女所听叶雄老师讲课的场景……

在和学员们的热情互动中，一个半小时的时间飞逝而过，这次的分享让我明白唯有坚持拒毒，才能将幸福长长久久地握在手中，才能遇见更好的自己，才能担起对自己、对家庭的责任，才能让泪水与担忧不再出现在家人的脸上和心里。我真心希望和期盼每个学员都能走出湿冷的冬季，微笑着温暖前行！

（2019 年 5 月 9 日撰写）

改变自己，重塑人生

很多人说吸毒的感觉像走进“天堂”，
也许那一刻确实很美妙，
但是短暂的美妙过后，
却是无尽的痛苦。
当发现所谓通往“天堂”的路根本走不通时，
我想到了回头。
然而回头很难，
毒品将我直接拖进地狱。
因为我的转变——吸毒，
我周围的社会关系也都随之转变，
甚至是伤害、破裂，
彼此之间的羁绊也都荡然无存。
我在地狱苦苦挣扎，
无人能救我，
痛苦万分。

当我遇到同伴这个团队，

一切都发生了变化。

我重新回到了人间！

我希望以康复同伴禁毒志愿者的身份继续前行，

帮助更多有同样经历的人走上康复之路。

戒毒并非想象中那么难，

给自己一份信心，

给自己找一份动力。

我想我行，

你也可以。

【基本信息】

昵称：阿忠　　性别：男　　学历：高中

工作：上海市禁毒志愿者协会

年份(截至2023年)

我的生命历程

【吸毒】1996—2013 年

1996 年　好奇心，赶时髦

虽然之前见过别人吸食(毒品)，但我一直没有碰。直到1996 年年底，在一位朋友的聚会上，我怀揣着一颗好奇心和赶时髦的心态，第一次尝试了那个东西(毒品)，没想到从此一发不可收拾。

刚开始时，我的身体并没有什么变化，我也没有认识到毒品的危害。

1999 年　左耳朵进，右耳朵出

时间一点点过去……三年下来我的毒瘾已经很大，工作也丢了。朋友们陆陆续续知道我的事情，就开始劝我。他们对毒品一知半解，也不关心毒品对社会的危害，他们只关心我。作为朋友，他们认为自己有责任或者义务劝一劝我，但终究是没有用，因为我已深陷毒品的泥潭不能自拔。

起初，我还能听一听，但基本就是应和一下，左耳朵进，右耳朵出。时间久了，也就没人再来劝我。他们的劝说逐渐变成指责，接着慢慢地疏远我，最后干脆离开了我。

当时，我只觉得友情什么的都是无所谓的，好像这世界上没有任何东西能够替代毒品，毒品已经变成我的精神支柱，朋友间的交情完全无法与之比拟，所有的一切都排在毒品之后。

2006年　山穷水尽

几年时间，毒品榨干了我的积蓄和资产，经济上的山穷水尽让我似乎突然清醒了。我的身体饱受毒品的荼毒，它就像身体里的生物钟一样，每天到那个时间点就要犯瘾，过程极其痛苦……

为了筹资吸毒，2006年我变卖了房子，搬到了现在住的地方。原来的房子地段极佳，卖掉的钱很快被我挥霍一空。当时，即使家里人全部反对，我仍然一意孤行，我已经彻底沦落为毒品的奴隶。

2013年　利近而来，利散而去

吸食毒品多年，我对那些所谓毒友的态度也很矛盾：既希望与他们保持关系，以便于我能较快地、方便地拿到毒品，又会警惕对方，生怕对方举报我。彼此之间相互提防，从没有像真正的朋友那样有真心可言，有的只是相互利用、相互提防。利近而来，利散而去，如此而已。

【戒毒】1999—2019 年

1999 年　每天都想要戒

吸毒三年多后，也就是 1999 年的时候，我已经意识到毒品给自己带来的灾难，每天都想要戒，但每一次都放弃了。

当时，我的境遇已经很悲惨了。第一，我的积蓄已经被毒品耗光；第二，家人对我失望透顶，纷纷离我而去；第三，好友们纷纷疏远我，再也没有任何外在因素帮我拒绝毒品。即使警察会抓我，对我而言，这并没有什么作用，事实也确实如此。

2013 年　空虚的心灵

我记得我戒毒最长的一段时间是在 2013 年，大概戒了 7 个月。之后，我开始复吸，原因很简单——精神空虚，感觉无聊和寂寞。那段时间里，经社工推荐，我应聘了一份工作。虽然明知工作来之不易，但越到后面我就越觉得没意思，对工作没有任何热情。当时，我已经到了无亲无故、孤家寡人的地步，空闲时间多，工作和收入一般，我觉得生活单调乏味，不断回想起往日吸食毒品的情景，就这样浑浑噩噩的心理促使我再一次复吸，以期用毒品来填满自己空虚的心灵。之后，每当我遇到开心或难过的事情，我都会想要用毒品陪伴自己、麻痹自己，它仿佛已经成为我的精神依托，我也越来越离不开它。

空虚的心灵，让我渴望充实的生活。

2014 年　不留退路

我曾被强制隔离戒毒两年，较长时间没有吸食，身体的不适随着时间流逝逐渐消散，生理上已经完全脱毒，但心瘾还在，我的心理脱毒之路走得非常艰难。毒品时时刻刻都在叩响我的欲望之门，只要我的意志力软弱一点点就会重蹈覆辙。可以说，心理脱毒对每一位吸毒者来说都是极其困难的。

出所后，进入三年社区康复期。当时，别人都是戴着有色眼镜看我，到现在我都记忆犹新。有一次，我去应聘工作，对方直接拒绝，看我的眼神中充满不屑和蔑视。当时，我内心本能的反应就是愤怒，非常反感对方看我的眼神，好像有过那样一段经历的我已经不再配找工作。同时，随之而来的是恐惧，我惧怕外界用那种异样的眼神看我，曾经对一切感到无所谓的我，突然发觉自己渺小又自卑，只得无奈地接受这样的现实。

找工作时，我可以不在档案里写强制戒毒的事，但我觉得那是诚信问题，进单位后还是会被查出来。思虑再三，我还是如实写了上去。从某种意义上来说，我不想给自己戒毒留退路。

【同伴教育】2016年至今

2016年　精神的栖息之所

2016年，社区康复期间，自强社工给了我许多鼓励和帮助，让我不断树立戒毒的信心。经他们推荐，我认识了上海市禁毒志愿者协会的叶雄老师，参与了“面朝大海，春暖花开”禁毒宣讲。一年后，我加入康复同伴禁毒志愿者团队。

叶雄老师邀请我参加了许多同伴教育的康复成长小组活动。这些活动内容都是非常感人肺腑的。我遇到了许多和我有着同样经历的人，有些人的境况甚至比我还要糟糕、恶劣。在这里，我们可以互相倾诉，相互鼓励，彼此陪伴，诉说、发泄自己内心的痛苦和压抑的情绪。

我庆幸自己找到了精神的栖息之所，并获得帮助。令我印象最深刻的一次是和叶雄老师一起去戒毒所，运用心理学知识组织防复吸训练营。在训练营，我们分享了很多故事，我也分享了自己的故事。我并不指望所有听过我故事的人都能被触动，但我相信一定有人会受到影响。事实证明，很多人看到了我的转变，开始相信：你都能戒掉，我也可以。

同伴教育活动于我们而言意义重大。同伴之间不仅能够互相支持和鼓励，更能给自己戒毒康复增加一份动力，甚至也会对社会和谐稳定产生积极影响。

2017 年　收获认可

2017 年的最后一天，我参与策划并主持"'奇迹，我们能够创造'暨康复同伴'涅槃重生奖'颁奖仪式"。整个活动很隆重，来了很多领导，我圆满地完成了这次任务，我觉得活动很有价值和意义，最让我开心的是收获了别人的认可，成为一名康复同伴禁毒志愿者。

我们团队中有许多康复得很好的同伴，开展同伴教育经验丰富，我认真汲取他们的经验，结合自己的教训，现身说法帮助一些刚刚走上康复之路的人，分享面临问题时求助的渠道或者解决问题的方法。我深知，戒毒不能只靠个人，必须依靠团队的力量。

同伴教育活动中会遇到各种困难，这些都是非常正常的。比如，有些新来的同伴会满腹牢骚，对社会产生不满、抱怨，甚至会和其他同伴发生争吵，浑身充斥着负能量。这时，我们就做耐心的倾听者。

我非常赞同叶雄老师曾说过的一句话："让他说，如果在这里都不让他说，那还有什么地方可以说？"因为当一个人抱怨的时候，是听不进任何善意的话语的。曾经的我也是如此，所以特别能体会他们的心情。

与此同时，我们不断地邀请他们参加活动，即便不来，我们也依然坚持邀请……他们来参加活动后，一次两次没什么变化，随着次数增多，自己就开始写感悟和心得了，慢慢地从倾听者变成讲述者，不但改变自己，也学着去影响他人，改变他人。

2018 年　赞誉

康复同伴禁毒志愿者对我而言是一种责任，还是一种荣誉呢？其实，我并不能分清楚。但同伴教育活动确实改变了我。2018 年年初，叶雄老师和同伴们都看到了我的努力，不断向外推荐我。我从来没想过我还可以得到如此高的赞誉。犹记得当时叶雄老师说："我现在把你往上推，推得那么高……就算你想吸，你都不敢吸了。"我觉得这是件好事，现在的我可以说是一年一个变化。在这之前遇到毒友的时候，我的内心还曾有过动摇。而今，曾经所里一起待过的人约我吃饭，我答应了。和他们哪怕再聊起以前的一些事情，我都不会再浑身冒冷汗了。

成为康复同伴禁毒志愿者对我影响至深，我不仅回归普通人的生活，更重要的是我为人处世的态度有了很大的改变。

我的生命故事

身体的变化——懒和神经损伤

随着时间一点点过去，在持续接触毒品的两年里，我开始慢慢察觉到自己身体发生的变化。我发现自己变得越来越懒散，工作也因此被我扔下。以前，我会每天早起，赶在九点之前到单位上班。现在，在懒惰的“怂恿”下，我给自己找各种借口，向单位撒谎不去上班。其实，我就是直接去外面吸食(毒品)，或者在家睡觉。后来我才明白吸食海洛因的人的最大特点就是懒。那是我吸食毒品后身体发生的第一个变化。

吸食毒品给我的身体带来的第二个变化是对神经系统造成了巨大伤害。我吸食了两种毒品，一开始是吸食海洛因，后来变成吸食冰毒。吸食海洛因已经让我觉得自己神志不清、大脑混乱，感觉一切都是紊乱的。可是，吸食冰毒的伤害更大。最明显的就是我的记忆力衰退得很厉害。现在我才知道，冰毒对人体中枢神经的损伤很大。

我之所以会从吸食海洛因转成吸食冰毒，最直接的原因就是当时我已经抽不起海洛因，再加上认识到了海洛因带来的巨大伤害，所以一直想戒掉它。但是，戒毒谈何容易？吸毒就像沙漠中的流沙，一旦我陷进去了，就别想逃出来。一旦中断毒品的摄入，我就痛不欲生，仿佛满世界只有“痛苦”二字，这让我饱受折磨。一位毒友向我推荐："你知不知道？吸那个(冰毒)可以戒掉海洛因。"因为冰毒的成分有"抑制作用"，似乎可以戒瘾。我当时一门心思想解决海洛因的痛苦，就去吸食了冰毒。虽然事实也的确遂了我的心愿(解决海洛因的痛苦)，但是冰毒给我带来更大的伤害，对我的神经造成了难以复原的损伤。

由于我的无知，日复一日地让冰毒一点点侵害自己的身体，我现在的记性非常不好。我要花很长时间，花很大力气，才能勉强记下一段话或者一句词。别人一分钟能记下来的东西，我要记十分钟，还不一定能记得住。真可谓得不偿失，悔不当初。

同伴——戒毒的重要动力

在康复同伴禁毒志愿者这个团队里，我第一次遇见这么多和我一样的人，对我产生了极大的影响和触动。我想戒毒，可以说所有吸毒的人都想戒毒，就是缺乏一个动力支持。这里有这么多同伴，他们都在影响我、支持我。我与过去那些毒友全都一刀两断，彻底断绝联系。自从加入这个团队后，我发现自己对生活又重新充满了美好的期待，再也没想过要靠毒品填满自己空虚的内心。虽然，我仍然不敢说我已经彻底戒断毒品，我想哪怕康复十年的人也不敢做这样的保证，我只能说面对毒品我有了抵抗力。

在我社区康复一年多的时候，毒品再次给我带来巨大的考验。当时，我已经在这个团队中工作，在叶雄老师和同伴们的影响下，我本以为面对毒品的诱惑已经能够很坦然，绝不会再为毒品动摇。可是，刚恢复没多久的我，高估了自己的意志力。那天外出，我在小区里碰巧遇见一位过去的毒友，也是我十多年来关系挺亲密的“朋友”。他还在吸毒，我们说了几句话，令我印象最深的一句话就是：“嗨！你没事来个电话，到我家‘坐坐’啊！”我下意识地回答道：“好好……”说完，我感觉全身都被冷汗浸透。虽然当时没有明说，但是我一看到他那张脸，就感到自己的欲望之门正被一股力量撞击着。如果我对毒品有足够的意志力，当时就会告诉他：“我不去了。”他的一句话就让我心绪久久不能平静……在 9 月底穿短袖的日子里，我竟然一身冷汗！本来我公交车应该坐十站左右，但那天乘了三站就完全坐不住了，我赶紧下车平复一下心情。我知道他没有想害我的意思，也知道偶尔偷吸一次也没人知道……我的内心闪过一丝侥幸。我走到马路对面，正好一辆公交车刚刚开走。现在回想真是老天帮忙！如果当时我赶上那班车，十有八九我就复吸了，虽然在车上时我可能也会坐立难安。在车站等待下班车的时候，我的内心开始动摇，挣扎了起来，可以说是风起云涌……然后，我就在同伴群里没话找话地聊天，借此缓解我内心的焦躁。我边走边聊，没有方向和目的，结果那天下午我走了 2 万多步，我内心的躁动与不安才随之渐缓。可以说那一刻我找到一个不是办法的办法。如果没有这些同伴，后果不堪设想。

于我而言，我能够保持戒断的原因很多。首先，我想要戒断(毒品)，改变命运的意愿比较强烈。其次，我找到了戒毒的动力——我的同伴们，是他们给了我一路坚持下来的信心。这个动力将继续陪我走下去。最后，是家人对我的支持和自始至终的陪伴给了我力量。他们是我爱的归属和港湾。用我儿子的话说：“爸爸你好了，我们家就有希望了。”

亲情再次回到我身边

吸毒除了对我的身体造成严重的伤害外，也使我的家庭遭受巨大的打击，尤其是对我儿子的伤害最大。至今我对他仍抱有愧疚。

我爱人因为我吸毒最终选择与我分居，直接回了娘家。儿子原本是被她带走了，可是因为儿子需要在家门口的学校上学，所以又回到我那里，跟了我四年多。

我觉得那段时间在我儿子的记忆里留下了难以磨灭的印记。我儿子从小到大目睹了我吸毒，知道爸爸妈妈就是因为那个事情(吸毒)分居。

小时候他不知道我吸食的是什么，他每次都充满好奇地问我，让我不知如何回答，甚至不知如何用谎言来搪塞他。我因心虚变得紧张不安，不知所措。所以，后来当他再问我在做什么时，我就干脆挥着手直接对他说：“走走走……”我越是那样做，越激发了他的好奇心。直到有一天，我直接把房门关起来，不让他进来。随着他一点点长大，他也知道我吸毒的事情。他知道后也不会问我，因为在他眼里我是一个非常凶的人。

有两件事至今令我印象非常深刻，让我一直对儿子感到歉疚。虽然，现在我和儿子的关系已经非常融洽，但是那两件事直到现在我依然无法释怀。

第一件事发生在我儿子上小学的时候。那次，学校组织春游，我儿子回家和我说：“爸爸，学校组织春游，老师说需要交 200 元钱。我想参加。”

当时我口袋里有 300 元钱。作为父亲，儿子问我要(钱)，我本能地就想拿钱给他。但就在我手刚伸进口袋，贴在钱上的手停顿了几秒，随后我又默默地把手收了回来，面无表情地向儿子说道：“爸爸今天身上没带钱，等过两天再给你吧……”

我当时想的是要是把这钱给了儿子，那我下一顿毒品从何而来？父爱的本能和人性的自私一前一后在我心中漫过时，我很清楚，自己终究没能抵得过毒品的诱惑，彻底输给了自私的人性，父爱和责任在毒品面前如此不堪一击，我甚至还没有察觉到自己早已被卷进毒品的旋涡……

其实到最后，我也没把钱给儿子。他虽然不清楚我整天在外面忙什么，但已经隐隐约约地知道，并渐渐地了解那个整天令爸爸魂牵梦萦的东西(毒品)。每天回家，如果家里没开台灯，或者沙发上没人，那他肯定是找不到我的。后来学校老师催促他交费。他没有办法在老师面前说：“爸爸没有给我钱，所以我去不了。”那样的理由他张不开嘴。他只能说：“哎哟，我忘记了，我回家问我爸爸要。”这样说一两次哄哄老师还可以，次数多了老师也不相信了。后来他就干脆逃学。他逃了一个星期的课，而我什么都不知道。我记得，那天还下着雨，早上他仍然瞒着我说：“爸爸，我上学去了。”我也一直以为他真的去上学了。我正好有事出去一趟，回来路过我家小区的车棚，里面零零散散地停着电动车和自行车。我突然发现车棚的角落里有个熟悉的身影……我凑前一看，发现我儿子竟然躲在那里发呆，衣服都湿透了，也不知道他在那儿待了多久。我责问道："你怎么在这里啊？怎么没去上课？"他也不讲话。最后，他给外婆打了个电话。外婆特意地赶过来，把春游的钱带给他。这件事才算解决。

当时，我竟然什么感觉也没有，这件事我似乎并未放在心上，对我并没有产生任何影响，但是现在每每回想起来，我都觉得羞愧难当。我完全没有尽到做父亲的责任，甚至没有发现儿子的反常。那时，我的世界里仿佛只有毒品，毒品就是我的全部，其他对我来说都不重要。

还有一次是在他中学放寒假的时候，时间差不多在春节前。学校放寒假，他和同学们一起聚餐。那天他妈妈不在，他就对我说："爸爸，我们同学聚会，您给我一点钱吧！"其实，他们同学聚会也用不了多少钱。可是，那熟悉的一幕再次在我心头上演，我又一次用同样的伎俩欺骗了我儿子。

纵使我如今再怎么追悔莫及，也无法弥补那时对他的伤害。我知道我和儿子之间渐渐形成了一道无法修补的裂痕、一道难以逾越的鸿沟。

参加同伴教育活动后，我的生活发生了巨大的变化。首先是家庭的变化，亲情再次回到了我的身边。吸毒多年的我早已众叛亲离、家破人亡，家早已不再是家。记得刚参加同伴教育活动时，我再次告诉家人"我要戒毒"，家人就用一个"哦"字敷衍我。曾经我发过太多次的戒毒誓言，但从来没有一次兑现过。家人们对我的信任早就消失殆尽，不抱任何期望。在他们眼里，我就是童话故事《狼来了》中的主人公，根本不值得信任。再加上我妻子平时工作繁忙，所以刚开始我参加禁毒巡讲、同伴教育小组等活动时，她并不知道，或者说知道了也不是很关心，直到活动越来越多，她有时候会关心地问一句：“今天怎么还要出去？你最近去哪了？怎么神神秘秘的？”我就发活动照片给她看，她依然搞不清楚。不得已，我打电话向我的社工求助，请他帮忙解释。我希望她能够看到我的转变，可是我说的话，她又不太相信。

之后，我的妻子慢慢地改变了态度。较之从前，我从不管家务，家里时刻“烟雾缭绕”，刺鼻的烟味充斥着家里的每一道缝隙。现在，她看到我开始像普通人一样生活：每天按时起床，主动“买汏烧”……家里的烟味没有了，家的味道回来了。虽然她面上依然表现得云淡风轻，但内心因我的转变而非常开心。

有一件事我至今想来还是会非常感动，热泪盈眶。那天，我要赶早去浦东参加活动，起床后我就看到我爱人为我端出了稀饭和油条……这一幕顿时就触动我心中最柔软的地方，令我永生难忘，热泪也随之缓缓流下。在我的记忆中，吸食毒品后她从没有这样做过，我们的相处过程充满争吵和漠视，家中经常弥漫着无声的硝烟。没想到有一天我竟然可以重新感受到来自家庭的温暖和关爱。

还有就是我儿子态度的转变。我记得他在我出戒毒所的前一天下午搬走了，显然他不愿意与我同住。当时，他已经大学毕业开始工作，经济上也可以独立。我不得不承认儿子对我已经开始疏远，也充分理解他这样做的原因。直到他妈妈对我态度的转变，又时常在他面前替我美言几句，才使得儿子和我的关系慢慢破冰。我现在有收入，尽量补贴他一点，想着能弥补以前的亏欠和缺失的爱。他结婚的时候，我也力所能及地帮了很多忙。现在我俩的关系比较亲密，他会主动关心我了。

在工作方面，我更有自信了。过去找工作时，我会恐惧别人看我的眼神，心里总有阴影，敏感又自卑。现在，逐渐康复后，我觉得每天的生活都充满了阳光，我已经不再畏惧他人的眼光。我已经明白我自己的内心所想，远比他人的态度重要得多。

我的社工让我有了重生的机会

过去，我时常抱怨社工，经常会冒出这样的想法：你凭什么管我？复吸不复吸有警察来管我，你在当中掺和什么？跟你有什么关系？但我摆脱不了社工，每个月一次的尿检都是由社工操作。我总觉得和社工的关系是可有可无又纠缠不清的。

直到社工把我介绍给叶雄老师，才让我真正改变对社工的看法。那次，社工邀请我参加了“海星同伴禁毒巡讲团”系列活动。起初，我并不很想参加，去的目的只是想和社工搞好关系。第一次活动结束后，社工让我写篇稿子，我抱着纯属帮社工完成任务的态度，按照要求写好。不想参加这类活动更主要的原因是，我没有足够的勇气走到大众面前，揭开我的伤疤，讲述我的经历。第二次活动，我遇到叶雄老师，她说：“你讲得很好啊！”这在当时就给了我信心和勇气。渐渐地我发现自己喜欢这些活动，认可活动的意义，觉察到这些活动带给我的影响……接下来的活动我都想参加。

现在，我对我的社工老师是发自内心的感恩。我对叶雄老师说："如果感恩有先后的话，我一定要把高老师（我的社工）放在您前面。"我的社工老师并没有帮我解决什么事，但她之前对我说的一句话，我一直都记着。她说："阿忠，我为什么把你推荐给叶雄老师？因为我看出来，你是想变好的。为什么那么多人里我看中你？是因为我觉得你不会辜负我对你的期望。所以，我想把你拉到'阳光下晒一晒'，让你接受一点正能量，也许会对你有帮助。"时至今日，我都非常感谢她，可以说是我的社工让我有了重生的机会。

"有枫的日子"——记录生命的历程

遇　见

我在"海星同伴禁毒巡讲团"的巡讲中，首先学会的是问候。问候清晨那缕透过树梢的金色阳光，问候每日迎来送往的亲人笑脸，问候陪伴我走向美好明天的社工，问候百忙中从四面八方赶来的听众，问候自己满是伤痛的昨天，问候从容而至的未来……正是在这一声声的问候中，拉开了我生命蜕变的序幕。每次翻阅手机相册里我精心保存的那些照片，都会让我回想起走上巡讲台的一幕幕：巡讲中遇见的人和事，听到的鼓励，看到的眼光、泪水与笑容交融的场景……仿佛自己又走在了巡讲的路上，又站到了巡讲台前。

如果说，人生的每一步都是自己走出来的话，那么我更愿意说，我在海星同伴禁毒巡讲团的这段成长之路，是被推着、被拉着走过来的。

那是一个春天，在社工高老师的推荐下，我加入海星同伴禁毒巡讲团。记得我第一次走上讲台，是那样艰难，内容是由眼泪帮我倾诉的，好几次我都哽咽到说不下去，这时，高老师从台下走上来，给我递上纸巾，抚着我的肩，鼓励我往下讲。很多时候我都在想，这递过来的纸巾，擦去的不只是我的眼泪，擦去的还有我的伤痛，让我感受到鼓励的温度和力量。正是在社工与同伴们的鼓励下，那个曾遭毒品伤害，无法自拔，曾被歧视击碎自信，不能自已的我，在巡讲台上一次次勇敢地揭开伤疤，走出正视过往的第一步，开始重新步入新生的征程。

有次巡讲结束后，一位阿姨走过来，疑惑地看着我问："你，你真的那个过吗?"我笑着答道："是的，阿姨，我曾经吸毒十多年，现在正在康复中。"阿姨拉住我的手，语重心长地对我说："为了自己，为了你的家人，别再走回头路啊！阿姨相信你，再也不会了。"这样的场景在我们的巡讲中经常可见，这样的场景也是让我非常感动的一幕。来自巡讲现场，众多听众的殷切期望和声声祝愿，成为我们巡讲路上最美丽的遇见！

一次，我们到一所学校演讲，望着下面的孩子，我的情绪有点激动，因为我想到，当初我吸毒时，我的孩子与下面这些孩子一般大，愧疚之心油然而生。是巡讲让我对自己的过往做出了最深刻的反省，提醒自己不再复吸，走好今后的人生道路。

走进海星同伴禁毒巡讲团，我有幸遇到叶雄老师，在她的带领下，我走进同伴教育团队，结识了许多坚持走在回归路上的同伴，他们的苦难经历和坚定的康复信念影响着我，激励着我做一个大写的“人”。从相知相伴，到彼此勉励共同成长。

在城区的街道里，在乡镇的田野间，在机器隆隆的工厂，在书声琅琅的校园，我们走上讲台，用自己的经历控诉毒品的罪恶，告诉人们，“珍爱生命，远离毒品”；走下讲台，我们学习接纳自我，改变人生；通过巡讲，我们把昔日的伤痛转变成了前行的动力。就这样，在巡讲中我看到了康复的希望，看到了自我的价值，找到了努力的方向。一次次，一场场，一天天。我转变了，我成长了！我能和同伴们一起奔跑了！能让更多的人知道毒品的危害，能让更多的孩子增强对毒品的防范意识，能让更多的同伴树立康复的信念，成为我们每个巡讲员的心愿。

我要感谢海星同伴禁毒巡讲团，开启了我的新生之门；感谢海星同伴禁毒巡讲团，让我从海星成为拾星者！我要感恩在巡讲路上陪伴、支持、见证了我们成长的领导、老师、同伴和所有善良的人们，是你们的爱，让我遇见了最好的自己。

（曾于 2017 年 10 月 25 日发表）

有枫的日子：

十位康复同伴的小故事

儿子的笑脸，我的泪

踏着秋天的脚步，满怀感恩的心，我迎来重生后的三岁生日。我的心情跌宕起伏，回顾这两年走过的路程，我感慨万千，既心酸又欣慰。

一年来靠着低保和热心人士的帮助，我艰难地活着。日子虽然辛苦，却也有着快乐。每当在我情绪低落烦躁，想要发脾气的时候，儿子们总会给我以稚嫩天真的笑脸，每每看到，我都会控制不住滚落泪水。

我多年的吸毒行为，造成家徒四壁。在孩子们年幼的时候，没能给他们一个美好的童年和完美的家庭环境，但孩子们给了我无尽的欢乐和动力。

孩子们灿烂的笑脸，使我无地自容。他们是无辜的，我凭什么抱怨这抱怨那，我凭什么冲着孩子们发脾气。是我自己堕落和无能，不能给他们幸福美满的生活。

为了孩子们的无邪笑脸，我必须坚强地活下去，必须好好地生活。

一路走来，我的成长离不开同伴们的陪伴与帮助，以及隔壁大姐、热心的邻居，包括当地派出所谢所长，朱警官的陪伴、鼓励和支持。他们的付出是无私的，是真诚的。

每次当我遇到困难，想走回头路，想放弃时，他们都会及时地给我无尽的关怀、鼓励和帮助。他们的温暖让我感受到生活的美好，在我消极徘徊的时候给了我希望和坚持戒毒的信念。为了我自己的孩子、今后的生活，我必须面对困难，要坚持，要加油，要保持操守，要坚定与毒品决裂的信心。

生活虽然有太多的不易，但我是幸运的，那么多人在关心着我，支持着我。这两年来，我一直在与心魔战斗，最终我战胜了，因为有同伴们和社会的关爱，我更加有勇气、有信心。

感恩有你们的陪伴和支持，我会勇敢地面对今后的人生，即使遇上再大的困难我也会保持操守，走好康复的每一步。

我坚信，我的未来充满希望，为了关心我的每个人，为了我的孩子，我要坚持！加油，加油！

张　炜

（曾于2022年11月26日发表）

毒，我能戒，你一定也能戒

回归社会已经有十五年多，回想这十几年，积极向上的我打败了那个颓废、堕落的我。怎么说呢，我感觉每个人都有两个自我，一个是好的、向上的、遵守规则的自我，一个是脱离社会规则、和规则背道而驰的自我。

2005 年出所回归社会后，我没有工作，没有收入，没有正常的社会交往，有的只是以前的毒友和自暴自弃，我缺少重新生活的勇气。

我的运气好，父母没有抛弃我，他们接纳我，给我生活上的照顾，让我可以吃饱吃好，不用担心一日三餐和住宿问题。当然，做啃老族，我也觉得不好意思。于是，通过母亲介绍，我到一家私人小店工作，虽然工资很低，一个月只有 800 元，但我觉得很充实。稍微适应后，我又找了一份工作，那时我只想让自己变得忙碌，忙到没有时间去联系以前的朋友，不会感到精神空虚。

我觉得生活充实这点很重要，因为很多人回归社会后，和社会脱节，自己又没有信心去改变，吃不了苦，就容易复吸。

那段时间，我会痛苦，会动摇，觉得支撑不住的时候，就觉得委屈，但是再像以前一样吸毒、戒毒，反反复复，我也不甘心了。我认识到生而为人，要对得起自己的父母，对得起自己，父母给我健康的身体，给我安稳的生活，将来父母老了还要我去照顾他们，我不想给他们的老年生活留下致命打击，所以就算再苦再累我也要坚持下去。

于是，我克制自己，难受的时候喝点酒，找个朋友诉说，扔掉情绪垃圾，要么就是大哭一场，发泄一下。但是发泄完了，生活还要继续，我还得努力奋斗。那时也有以前的毒友找我玩，对我说些令人丧气的话，或者说想诱惑我，但是我都拒绝了。不复吸、保持操守成为我唯一的信念。十几年来，我只要听到朋友之中有人还在吸毒，就会立刻把他拉入黑名单，不会和他再有任何联系，坚决地自我隔绝毒友是必须的，也是非常有效的方法。

2012 年，经过社工老师推荐，我有幸加入上海市禁毒志愿者协会，认识了叶雄老师、晓荷老师和阿忠老师等优秀的同伴。在这个团队中，大家始终践行“自助、互助、助社会”的理念，坚守自己的信仰，保持操守，以身作则，以实际行动感染、带领需要帮助的同伴，让动摇的同伴不再迷茫，不再孤独，团队让大家有了一个可以畅所欲言的场所。通过一系列的培训活动，我不断坚定信心，提升自己的能力，在老师的带领下，我去戒毒所、社区和学校等地进行演讲宣传活动，还和所内的同伴们建立了良好的信任关系，我们经常通信。

十几年前因吸毒去特殊学校的那段经历，我永远刻骨铭心。认识这么多的同伴后，我的双眼不再紧盯过往的失去，心在不知不觉的感恩中沉淀，悲愤散尽，换来宁静。在沉淀中，我感谢困难，是困难让我更加有斗志；我感谢坎坷，是坎坷教会了我坚持；我感谢失败，是失败带给我成长。每一段曲折的路都让我更接近生命的真谛。感谢生活，在时间还没有完全流逝得无影无踪的时候，教会我怀揣感恩的心，我发现一切都不曾改变，唯一改变的是自己的心，时间赐予了我一颗懂得感恩的心，不忘初心、方得始终。

我坚信，只要坚守信念，保持操守，毒我能戒，你也一定能戒。

小　晨

（曾于 2020 年 9 月 27 日发表）

不再迷茫

年少时走入歧途，开始人生中一段不堪回首的经历。我吸食毒品后，以自我满足为一切，不顾家人的劝阻和想法，远离社会，不与人交往，在痛苦中孤独地生活，就是为了身体上那几个小时几分钟的不痛苦而活着。那时的我，迷茫无措，人生没有目标和方向。

回归社区康复后，父母、妻子和亲人们的不离不弃，让我想到一个人不是活在真空里，在生活中我有父母的爱，有妻子的爱和亲人们的关心，我不能辜负他们。

我多次想到父亲的话"是男人自己站起来"。母亲的故事太多，母爱深沉。得知我吸毒后，她开始让我学习在家强戒。后来，她晓得有专门的机构，她又第一时间去找，一次一次找，一个办法一个办法让我戒毒。从清醒疗法到昏迷疗法再到美沙酮，也记不清楚失败了多少次。但母亲说只要我在戒，过程中无论遇上多少坎坷都一定支持我，希望看到我有戒掉的一天。她看报、看电视，关注这方面的政策和社会层面的消息，我想，要不是我，她是不会关注这方面消息的。

我与世隔绝，丝毫不知有人已经成功戒毒，回归社会。母亲不知道从电视上还是从哪里知道消息，把叶雄老师成功戒毒的事迹告诉我，鼓励我，一定要我去找她。向一个女同志学习，刚开始我很抵触。我们九几年吸毒的人有一句话："一次碰毒品，终身难戒毒，是人戒不了，是女人就更难。"所以我就想听听她的故事。那时候我还不知道叶雄老师的情况，只知道有相同的经历，但她戒掉了。

她那时很忙，电话不断约谈很多，但还是很耐心地听了我一个多小时的废话，给了我一些好的建议和指点，让我碰到问题就去找她。

我想做好自己，来改变社会上对我们的看法，但是戒毒真的很累，心很浮躁。通过几次同伴教育活动，三任社工一个个地引导，不管是晚上八点多，还是周末都会及时接电话与我沟通，多的时候有一个小时，耐心开导，听我叙说。特别是和叶雄老师的沟通，对我启发特别多，我认识到，不要去管别人的看法，自己的标签是客观存在的，做好自己，一步步来就好。

阿　言

（曾于 2022 年 11 月 15 日发表）

走向新生

每天看着叶雄老师不厌其烦地在朋友圈发关于同伴们的新生感悟,竟然有种莫名的感动,特别感谢“有枫的日子”这个活动,为我们这些曾经的药物滥用者构建了交流的平台,成为大家展现自我、展现才能、交流思想、抒发情感、感悟新生的一方天地。

在这里,我们平等、尊重、接纳、互助,互相鼓励,喜悦地分享从地狱到人间一步一步走来的心路历程,悲喜交加,喜忧参半,一点一滴,就像剥洋葱一样,忍住心酸的泪,最后尝到它的甘甜。真的由衷感动,真的发自内心地骄傲,我们这样一群有着特殊经历的人,因为这样一个契机走到一起,或许从未谋面,但彼此真情的倾诉缩短了我们之间心与心的距离,因为相同的经历让我们感同身受。

如果没有曾经的试错,不知人生将是怎样的一个走向,毕竟贴着一种身份标签,就像背着重重的甲壳,负重前行。由于吸毒,命运把我推向深渊,苦难成为我走向成熟和成就的助推剂。通过同伴教育活动,我坚定戒毒的信念,我的成长速度是惊人的,我真的戒断了毒瘾。

世事见人心，我庆幸我戒毒成功，我庆幸我有尊严地活着，而且还活得好好的，有滋有味，我庆幸我还能与大家分享我的人生感悟，世事洞明。虽然不能与一些有才华的朋友比，但我还是很高兴能与大家分享拙作以及对生活的一些理解。

我们都是生活中的半个哲学家，生活教会我们很多东西。生活的哲理、沟通的能力、交流的技巧、判断是非的能力，以及如何做选择做决断。我想不管在何时何地，陷入何种境遇，相信命运的安排，给你磨难只是一时的考验，终究是想要成就你，让你成为更好的自己，没有哪种生活一定比另一种生活好。心态平衡，心境安然，遇事不躲，泰然处之，活着就是一种经历、一种体验、一种感受，调整自己的心情、情绪，心静了，世界也安静了。

虽然目前的生活还没达到理想的状态，但我已经轻装上阵了。我卸下厚厚的盔甲，抛掉沉重的心理包袱，正走在新生的路上，走在希望的田野里。每当沉浸在阅读的世界，心静而坦然，看着书中的故事，很多都是现实世界的折射，也会在我心中产生共鸣，产生一些思考，思考人生，思考命运，思考人生的意义，思考人生的价值。

所以，我庆幸我生活在这个遍地开满教育之花的时代，无处不在的知识与信息。在这个知识改变命运的时代，我们是多么幸福。是的，当我了解一切，我豁然开朗，潜意识就是你的命运，一定要宽容，选择原谅，选择感恩，不念过去，珍惜当下。你的每个当下就在成为你的过去、你的历史，而每一个当下又在成就你的未来，铺就你的美好明天。选择放下，放下过去的一切，荣辱得失，亲手撕掉那个让你沉重一生的标签，而以另一种身份取代，拭目以待。

祝每位同伴都有一个前程似锦的明天，我们值得被世界温柔以待，人间值得！

小　费

（曾于 2021 年 4 月 22 日发表）

因爱而生，心绘彩虹

又一次拿到毒品检测呈阴性的报告，我的心情看似平静实则波澜起伏。经过各方面的帮助、关怀和自身的努力，我已平稳地度过两年社区康复期。对于这个结果，我已能平静地对待，而心情起伏的原因是在我二十多年的吸毒、戒毒的经历中，这次是最稳定，坚持时间最长的一次，心里有太多感慨和感激。

一说感激，我的面前马上就会出现一个美丽而又亲切的身影，那是关心、帮助我十五年的禁毒社工付杨老师。

付老师刚做禁毒社工时，我就是她的工作对象，说实话一开始我对警察和禁毒社工都很排斥，不是逃避就是应付，又因为多次复吸，我对自己都失去了信心。而付老师总是真心实意，让我感到她理解我、懂我，不是一味地说教，而是真正地想要关心、帮助我戒毒。

慢慢地我开始改变，她孜孜不倦地走访、帮教并帮助我解决一些实际困难后，我学会了反思和感恩。

然而每次在我刚刚戒毒成功一段时间后，万恶的毒魔又把我拖回那条不归路，亲人的肯定和付老师的鼓励又被我抛开。几次的戒毒失败让我对自己失望，无法面对家庭，情绪很是低落。

但付老师没有放弃我，挽救的双手始终伸在我的面前。看到我进步，她会及时给予鼓励和赞扬；得知我不稳定时，又急着找到我。她像医生，像老师，努力引导我走出黑暗。

记得有一次，我吸食毒品出现幻觉，开着车到处窜，连自己都不知身在何处，身上没钱，手机也马上要关机。车子即将没油，没有朋友理我，家人也都不接电话。在极度混乱中，我下意识打电话给付老师。那时已是午夜，付老师马上给我转了钱，让我发定位给她，并再三叮嘱我待在原地不要离开，然后及时联系我家人来接我。后来我清醒了，想到如果没有付老师的救助，我不知道自己还会做出什么举动。

后来我被送去强戒，付老师又多次去戒毒所探望我。最让我感动的是，在所里我得知母亲摔跤骨折，而我却不能有半点作为，付老师知晓情况后多次上门去探望我母亲，说我在强戒表现良好，这次一定能彻底戒除。

我和付老师的故事很多很长，现在还在继续，感谢的言语太多太多，我已无法表达。我觉得自己的生命中多了一个老师、一个亲人、一个朋友。

付杨老师！谢谢你为我所做的一切。你们社工就是因爱而生，心绘彩虹。

老　顾

（曾于 2022 年 11 月 15 日发表）

丑小鸭蜕变成白天鹅的故事

一天早上，我在朋友圈里看到这样一段视频，10 月中旬首批越冬的 28 只白天鹅已经来到我家乡，它们将要在这里度过整个冬天。

湖面上还漂着一群黑色的小野鸭，在蓝天白云的映衬下，构成一幅令人神往的画面。看到这里，我思绪万千，一下子联想到叶雄老师。想起叶雄老师，她在北京女所的时候带领我们做过“小鸡蜕变成凤凰”的游戏。

叶雄老师是我们七色花同伴教育的辅导老师，是她告诉我们，戒毒如同小鸡变成凤凰，不会一蹴而就，要经历许多的挫折和磨难。我觉得美丽的白天鹅像极了我们的叶雄老师，她是我心中的天使，而在湖面上漂着的那群黑色的小野鸭中间的一只就是我。

在戒毒回归的道路上，我是怎样从小野鸭蜕变成白天鹅的呢？我想把我在康复道路上的一些成长经历分享给大家共勉。

我是安然，女，现年 45 岁，吸毒年限二十年。我们家可以称得上是“吸毒之家”，因为我的哥哥、姐姐、姐夫，还有我的前男友都是吸毒人员。家中只有几个人，却有四杆烟枪，这在我们当地屈指可数。我的哥哥因吸毒过量死亡；姐夫因毒瘾发作亲手捂死自己年仅九岁的儿子后被枪毙；而我呢，自踏上吸毒的道路，就像坐上通往地狱的高铁一样，短短三年时间就从业余转为职业吸家，每天除了吸毒贩毒，就是睡觉。第一次入狱就因贩毒被判处七年六个月，之后的近二十年，我的生活就像进入一条深不见底的隧道，一落千丈，卖房卖车根本满足不了日常的生活开支。我先后六进三强，亲人的离去并没有让我觉醒，反倒让我变得更加麻木厌世。我认为发生在我身上的一切不如意好像都是应该的。知道那种僵尸般的感觉吗？在阳光明媚的清晨，我感受不到阳光的温度，到黑夜夜晚降临的时候，我又会被痛苦、自责所笼罩。

我很痛苦，为什么那么多的不幸都发生在我一个人身上？所以我选择用自杀来缓解痛苦，但是这种办法只会让自己痛上加痛，我曾经幻想着成为那朵盛开在谷底深处的罂粟花，妖娆而又美丽，让人看了，要么欲罢不能，要么望而生畏。我总是在生与死的边缘挣扎，我想让所有人看到我的存在，然后再静静地等待死亡。

读到这里，一定可以想象那时的我是多么可怕的一个人吧！可是谁不想过正常人的生活呢？我也曾经为了寻找幸福而努力过，千百次的戒毒最终都以失败告终。记得那时，我也曾戴着男友送我的订婚戒指，准备步入婚姻殿堂。我想：这一次、这一次我一定好好生活，可是我摆脱不了毒的魔咒。我怎么能有一个新开始呢？一纸强戒书又将我打回原形，我再次被送去强戒……最后一次我被送到北京女所执行强戒的时候，我心里还在想我真倒霉。警察如果给我发一片药,让我睡两年,那该有多好呀！但是现实总是残酷的。

在这里不用多说,我的情况大家一定能够猜得到！家庭不如意,自己不争气,朋友离开了我,又是所里的三无人员,我的情绪是可想而知的。

就在我最失意和颓废的时候,女所的警官推荐我认识上海的七色花同伴教育小组的叶雄老师,我不但可以参加她每月一次的大课,参加她组织的同伴教育活动,还可以跟她通信,这是我连想都不敢想的,因此我有了唯一与外界交流的机会。从那个时候开始,我对叶妈(笔者对叶雄老师的爱称)产生了好奇,在她的引领下,我顺利度过了两年强戒。

出所后的我带着她告诉我的“叶雄行,我也行”,开始了回归之路。在她这句话的指引下,我开始重新认识自己,并开始了新的生活。刚刚回归后的我举步维艰,说实话,真的连条内裤都买不起,当时家里唯一的电器就是房东大姐送给我的一台小风扇,加上一个二手手机,住的是欠着房租的房子。那个时候叶妈对我的帮助很大。她是第一时间给我发红包的人,从上海给我寄来带着香味的换洗衣服,当我穿着叶妈的衣服时,更是感觉到自己信心倍增。到社区报到后,我找到了一份工作。

上了班,早上花 1 元钱坐公交,到半夜下班我要走 45 分钟才能走到家,脱下一身是汗的衣服,把小风扇对着自己吹,一夜到天亮,才感觉凉快一点。那时候叶妈总是在微信里鼓励我说:“没关系,谁都有刚开始的时候,慢慢地就好了。”因为刚刚与外界接触,我的脑子好像短路一样，根本就跟不上节奏，每天看到叶妈给我发的信息，我竟然有很长一段时间没有主动去问候她一下。只知道看见叶妈的问候，我高兴。记得等到很长一段时间，我才反应过来，聊天问她的时候，我说："叶妈，你总给我发信息，我都没有给你回复，你不生气吗？"叶妈笑着告诉我："我知道你一定不是不想回信息，而是不知道该怎样去关心别人，你还顾不上而已。"

那时的我总嫌自己笨，抱怨自己什么都做不好。而叶妈总是劝我说："只要做真实的自己就好。"这句话给我的启发很大，在今后的日子里当我认为自己做得不够好时总会想到这句话。叶妈知道我没有朋友，就推荐我加入"有枫的日子"微信群。在她的推荐下，我开始听免费的樊登老师的读书会。在听书的过程中，我开阔了眼界，了解到世界是多元的，任何人只要想就可以做任何事。

读书让我变得充实。我在大群里找到许多优秀的同伴，稳定的工作更是让我找到了自我价值，我自己都不敢想象，我竟然也能够像现在这样，过正常人的日子。

我的人生也发生了改变。之前，在我家乡有一位一见我就头疼的片警，在我第一次报到后就把我拉黑了。现在，他已经当面对我表示认可，而且偶尔也会在我的朋友圈中给我点个赞，特别是这次十月双节期间我票都买好了，准备回家去报到做尿检，但是因为种种原因，我无法返回本市按时做尿检，而且路费加上其他费用我也负担不起！我纠结了好几天还是决定主动给他打了电话，没想到他很爽快地给我办理了请假，并让我同时给社区那边请好假，减少麻烦，他还给我发了《关于青岛人员返三门峡市区的一份通报》。

事实证明，我认为困难的事情在现实生活中并不难解决。就像我之前总认为自己不行，戒不了，别人成功戒毒是因为那是别人。我呢？不愿去改变，但是事实上只要勇敢地面对，办法总比困难多，对吗？当然，我也会有想退缩、不如意的时候，那种情况来的时候，我总会想到叶妈，想到叶妈说的那句话："叶雄行，你也行。"我就是用这句话给自己打气、加油的，我一次次地通过尿检并得到认可，之前我每一次回三门峡做尿检都会像小孩子一样把我的尿检报告分享给叶妈，然后分享到我们微信群里，在大家面前好好地炫耀一番，再欣然接受大家的鼓励，我得到最多的是来自叶妈、女所警官、同伴们的鼓励，有了这些关心和支持，我更加坚定了坚持下去的信心。因为在我心里这份鼓励来之不易，我真的很久都没有过这种感觉了。有的时候想想自己经历的那些事情，都会被现在的自己所感动。写到这里我鼻子一酸，泪水已经挂在脸上，鼓励和认可是多么重要呀。

我还想告诉大家的是，在双节期间我给自己买了一份礼物，是樊登老师《论语》终身学习的课程，这是我梦寐以求的。之前我也报了社工课程，但是因为调不到毕业证编号，报不了名，心里很失落。再想买书得等我经济宽裕些，这次我终于找到自己喜欢的东西，我写的作业还被学姐们评为范文，得到一枚"勋章"。

我每天都会抽出一段时间来抄经，用来静心和自省。不管能不能够学好，我只想慢慢来，把这个习惯坚持下去。我真的觉得自己很幸运，自从遇到了叶妈——我心目中的天使，美丽的白天鹅后，她为我打开了一扇门，让我有勇气独立面对生活接受任何考验。

如今，我再也不会惧怕看见别人的眼神，我看别人时敢直视对方。我不再羡慕别人，因为我知道自己在做什么。我只想做我自己，那个并不完美的丑小鸭。我没有那么爱慕虚荣，我每天去海边走走，写写日记，听听书，拍点自拍臭美一下，感觉挺好的。其实我真的挺笨，新换了一个宿舍，不认路想用导航，但不是定位定错，就是地址输错，东南西北分不清，可是我学会开口“问路”了呀，不懂就问，不丢人。现在，我已经学会用导航，会用网约车，不再担心把自己弄丢了，我现在还可以在海边跟小朋友玩，上班途中看到正在拍婚纱照的情人，我还会给他们拍几张照片，发个抖音。我还找到一片针叶林，很美，就像我期待的生活。

生活也许就是这样，你会遇到许多问题，就看你用怎样的心态去面对。虽然我很笨，但如今我已经找到属于自己的乐趣。另外，去年我回家的时候遇见过曾经的毒友，当时只是简单地问候一下就走了，我见到他们的时候，已经不像之前那么激动，好像一切都是意料之中的一样，后来听别人说他们还要向我学习呢。

虽然我康复的时间并不长，只有短短的一年三个月，从刚开始只是被同伴认可，到现在我已经能够得到社会的认可，我觉得我的努力都是值得的。

今后的路再苦我都不会害怕。我知道在这一年多的日子里能够健健康康地生活，都是因为有同伴们榜样的力量，还有许多一路帮助过我的那些人，是她们的帮助才让我走到今天，更是在叶妈那虽遥远却犹如近身陪伴的力量中感受到了爱。

拥有感知爱的能力,是她让我从丑小鸭蜕变成了白天鹅,我知道我还很稚嫩,我想用我的行动来感恩在康复路上帮助过我的人,用一颗感恩的心诠释生活的美好,用爱来做一个能够像叶妈一样影响别人的人,让更多的人感受到幸福,拥有自己的精彩。

安 然

(曾于 2020 年 12 月 24 日发表)

和同伴在一起的日子

人的一生中有许多阶段,每个阶段都会面临不同的选择,这些选择至关重要,或许它们会给我们的一生带来截然不同的结果。

20 世纪 80 年代是改革开放的年代,在改革的声浪中,我也成了一名踏着时代节拍追逐潮流的勇士,或许是上天的眷顾,通过一些熟人关系,我很快租好店面办妥营业执照,开始经营起服装百货生意。随着经验的积累和人脉的不断扩大,我的财富也与日俱增,面对眼前的成功,我竟然有些得意甚至忘乎所以,可就在此时,一双无形的魔爪悄悄地伸向了我。一开始,我对“毒品”这两个字没有任何概念,更不知它的危害有多大,甚至把它归为有钱人才能“拥有”和“享受”的时尚玩意。

多次尝试后,我深陷其中无法自拔,原本的生意也无心打理,我用十年的时间成就了我的辉煌,又用十年的时间毁掉我所拥有的一切。那些年里,我浑浑噩噩、麻木不仁,全然不顾家人的感受,终日与魔鬼共舞,肆意挥霍着自己的生命。被毒魔蒙蔽心智的我,早已把基本的伦理道德抛之脑后。其间,我也尝试用各种方法戒掉毒瘾,可生理和心理的双重折磨更是让我欲罢不能。最终,我为自己的贪婪和无知付出了沉重的代价。

2011 年,我再次走出女所的大门。重获自由的我在兴奋之余也多了几分焦虑,父母还能原谅我吗?社会还能接纳我吗?遇到曾经的毒友有勇气拒绝诱惑吗?带着这些困惑,我小心翼翼地把自己包裹起来,拒绝与任何人交往,生怕别人提及自己不堪的过去。我除了尽心尽力地照顾家人,夜深人静的时候,悔恨和自责的折磨总让我痛苦难安,我开始变得情绪低落甚至还会自我否定,心想着自己这辈子彻底完了。细心的社工老师在聊天中察觉到我内心的变化,及时对我进行心理疏导,她说:“人非圣贤,孰能无过。有些东西必须放下才能重新开始,顺境逆境都要勇敢面对。”在她一次次的影响下,我尝试着放下心里的戒备,参与一个回归人员的小组学习交流活动。就在那次活动中,我遇到了生命中的贵人——叶雄老师。她向大家讲述着自己如何从地狱爬回人间,那种直面过去的自信和勇气深深地感染了我。

2015 年,生活慢慢回到正轨,我加入康复同伴禁毒志愿者这个大家庭,这是一个有温度的团队,在叶雄和晓荷两位老师的带领下,每个人都用无私的奉献和爱心诠释着人生的意义。这些人虽然来自不同的阶层,但相同的经历让大家有着共同的话题,为了更好地融入其中,我积极参与各项禁毒宣传和公益活动,到养老院和阳光之家去奉献爱心,在回馈社会服务他人的同时,我重塑自己的价值观,找到自己的主观需求,有了归属感。我的生活比以前更充实,自卑的内心变得强大起来，眼界也开阔了许多。自信是一种力量，让我有面对挫折克服困难的勇气，和积极向上的动力。两年前，我把自己的经历写成故事，在一个知名的音乐频道上与大家分享，告诫人们要远离毒品珍爱生命。五年来，我的付出和改变得到了老师们和同伴们的认可，也得到了家庭和社会的认可。在康复同伴禁毒志愿者这个平台，我看到了自身的价值，我感受到了涅槃重生的力量。

未来的路还很长，我可能依然会面对许多困难和考验，只有不断地磨炼自己，才能蜕变成一个自信坚强且全新的自己。

小　娟

（曾于 2020 年 9 月 23 日发表）

回　归

2008 年，我被强制隔离戒毒两年，2010 年 9 月回归社会。两年的强戒生活如今谈起，犹如一场梦，从新生集训再分到常规大队后的戒治，一切的一切让我终生难忘。

当我走出大门看到母亲白发苍苍站在那接我的时候，我就下定决心一定要开启我的人生路程，为了母亲，为了女儿，为了完成父亲给予母亲的承诺，我必须担负起家里的责任。

回归社会后，原来一切都不是我想象得那么容易，原以为只要自己肯努力、肯吃苦，我就可以找到一份养家糊口的工作。但是，我处处碰壁，吸毒十几年，一无所长，去面试的时候人家一问，我什么都不会，又没有工作经验，回答我的都是同一句话"等通知"，然后就杳无音信。曾经有那么一刹那我想到放弃，但当我想起出所时所下的决心，我就暗暗告诫自己不可以，那时我极度焦虑和郁闷，母亲也看在眼里、急在心里。

一次家庭聚会，母亲厚着脸皮祈求我姐夫，说："她父亲没了，如果你不救她就没人可以救了。"我坐在一旁一声不吭，因为我清楚地知道我那个有钱有势的姐夫压根就看不起我，我明显能感觉到气氛的尴尬，可能碍于母亲的面子，姐夫勉强答应让我去他公司帮忙，我清楚地记得他对我说的第一句话："我们是正规公司。如果哪天你不想做了，千万不可以一走了之，得写辞职报告。"我知道他压根不相信我能坚持下去。母亲为了我，拖着年迈的身子陪我从崇明搬到嘉定工作的地方，一开始住在我姐家，我妈负责带姐姐的孙女，虽然是自己人，但是他们像防贼一样防着我，家里的钥匙从来不让我经手。遇到没人在家时，我只能在楼下的台阶上坐着等，心里的委屈只有自己知道，除了默默忍受别无他法，我想或许时间能改变一切。

姐夫的公司是做酒店用品的，我什么都不会，对电脑也一窍不通，每天除了拿着抹布打扫展厅外一样都不会，我甚至感觉自己跟社会已经脱节，不知道该如何与同事交流，就这样我每天低着头重复做着同一件事，三个月后我得到部门经理的表扬。正当我暗暗自喜，认为付出总会有回报时，发生一件彻底让我怀疑人生的事情，姐姐孙女的金木鱼丢了，顿时一家人的矛头全部指向我。我清楚地记得那天侄女打我电话时的口气："小娘娘，小宝手上的金木鱼哪里去了?"我一愣，我说："我不知道啊!"她很肯定地回答我："不可能，只有你跟奶奶在家，小宝又没有出过门。"我真的不知道呀，还没等我把话说完，侄女气呼呼地挂上了电话，委屈的泪水再也没有忍住，我躲在卫生间里号啕大哭，为何做得再好也无济于事。母亲的一番话让我有所释怀，她告诉我："这很正常啊，想想你自己以前做了些什么!"是啊！为了吸毒我变卖了所有值钱的东西，甚至偷偷当掉母亲的戒指，如今他们的这种猜忌也在情理之中。第二天侄女从床底下找到金木鱼,她也第一时间打电话告诉我,虽然没有说一句道歉的话,但是言语之中我能感觉到她的内疚……

就这样,在这公司我一做就是好几年。从一个整天拿着抹布什么都不懂的保洁员,到如今的展厅经理,能熟练地操作电脑、能报价、能跑业务,所有的一切我都做得得心应手,公司大小事我都一手操作,姐姐家的钥匙如今也都交于我手。我的一系列改变也得到了我前夫的原谅,如今我们在宝山买了新房,女儿年前也已结婚,最让我高兴的就是在前几天,我自豪地荣升为外婆,我觉得这样的人生才是最完美的,我用九年的努力改变自己,改变身边所有人对我的看法,真是应了那句话:"浪子回头金不换,春风依旧桃花开。"

工作之余,通过社工介绍我有幸认识了叶雄老师,在这样的一个团队里认识了许多跟我有着相同故事的同伴。康复路上我们互相扶持,相互鼓励,共同进步。希望我的经历能给在迷途中的同伴带来一丝希望,路在自己的脚下,相信只要通过不懈的努力,迎接我的必定是朝阳夕晖。

阿　霞

(曾于2020年9月26日发表)

瞬间的抉择

2016年5月，当我再次品尝到自由的空气是如此新鲜且珍贵时，人生起起伏伏，就因为那让人欲罢不能的毒品而失去自由的情景，一幕幕地呈现在我的眼前。

敢问路在何方？苦恼、自卑、迷茫、不被信任，充斥头脑；社会的弃儿，家庭的包袱，种种异样的眼光，让我无法面对，更不能自拔。

所幸，我的社工小陆是位尽责尽力的社工，在我无助的时候，引导我参加由叶雄老师带领的康复同伴禁毒志愿者团队。

团队中有像我一样的药物成瘾者，也有禁毒社工。在活动中，大家畅谈人生，分享自己戒毒康复的过程。在团队里我学到怎样戒断毒瘾的技能，怎样从被团队帮助转而去帮助别人。参加多次团队活动之后，我感受到自己主动戒毒意愿的强烈，戒毒的意志与方向也更加坚定。“拒绝毒品，重塑自我，巩固戒毒成果，让不现实变为现实。”在社工小陆与同伴的帮助下，我成功走过四年多的日子，同伴的陪伴，使我成长。

记得几年前，朋友来电话邀我参加聚会，当我走进朋友家时，那熟悉的一幕出现在我面前：桌上放着工具与毒品，沙发与床上东倒西歪地躺着那些吞云吐雾的朋友。这场景仿佛又一次回到从前，地狱之门开了。“嘿！来了？坐。”虚情的客套之后，随之伸过来一双手，手上的毒品和工具在我眼前晃动，室内充斥着的毒烟让我浑浑噩噩，心在一点点靠近那双手往下沉，耳边传来一种熟悉的声音：“来一条，我帮你烧一条。”面对如此的诱惑，我犹豫徘徊，吸与不吸之间，产生了巨大的心灵碰撞。吸的话，这一生又将走进无边的黑暗；不吸，朋友之情将不存在。灵魂斗争之间，催促我的声音再次响起：“来，快来一口。”抬头看见他们那自得其乐的模样，更让我想起以前的自己，手不由自主地往前伸，难以抗拒。“一次，就一次，应该不会出什么问题。”忽然，另一种声音在我心底响起：“不能，一次都不能，否则将前功尽弃。”心里正邪两面产生激烈的搏斗。

时间一分一秒地过去，在这摇摆不定的时刻，我的脑海中浮现出康复同伴禁毒志愿者团队的影子，一张张坚定的脸庞，瞬间充斥我的灵魂。叶雄老师、社工、同伴的禁毒誓言响彻脑海，占据我整个心灵，我幡然醒悟，决不能再同流合污，要洁身自好。于是，我果断起身，远离这样的环境，远离这样的人。而且我大声地正告他们，我现在是康复同伴禁毒志愿者。我的目标是拒绝毒品，坚定自己，坚定信心，做一个不给社会、家庭带去负担的人，而且还要做一个有担当、有责任心的康复同伴禁毒志愿者。

远离毒品的日子才是幸福的日子，我要自强不息，永远进取，让生命之路永远充满自由的新鲜空气。

小　项

（曾于 2020 年 12 月 23 日发表）

重拾信心，找回自我

刚从女所回归时的我，还是会因为自己不堪的过去不时懊恼，情绪低落的时候甚至会否定自我。但在经历了这么多康复教育和同伴教育活动后，我学会了正视自己，改变了许多错误的认知，克服了自卑心理。

加入叶雄老师的团队后，从自助到互助的同伴教育理念深深打动了我。刚回归时，在生活和工作中，我都是戴着面具，生怕别人窥探到我的过去，连公司组织外地旅游都不敢参加。只有在同伴们面前，我才会敞开心扉，畅所欲言，特别是在迷茫困惑的时候，对旁人无法启齿的内心情绪，可以跟同伴一吐为快。

出所一年多来，我参加了许多同伴教育活动，在做节目主持人、表演舞蹈的时候，面对台下的禁毒工作者们和同伴们，我不再自卑，不再唯唯诺诺，放下了心里的戒备。

2020 年 4 月 27 日，出所回归整整一年，我内心的激动和感慨无以言表。在协会领导、叶雄老师、社工和康复同伴们的组织下，他们为我举办了一个温馨的生日会，特别是挚爱的妈妈也陪我一起度过了这个有着非凡意义的重要时刻。想到“亲人”二字，内心的惭愧和悔恨无以复加。父母含辛茹苦把我养大，期盼我能出人头地，做一个对社会有用的人。而我沉迷在毒品世界里的时候，被毒魔蒙蔽了心灵，早把基本的伦理道德抛之脑后。不知道有多少个漫长的夜晚他们彻夜难眠，以泪洗面，原本苍老的面容上平添更多的皱纹和憔悴。出所后，爸妈对我的疼爱一如既往，不离不弃。女儿的原谅和理解、叶老师的谆谆教导、同伴们的陪伴、社工的关怀，这一切都让我感受到自己是幸运的，这一年的康复生活是充实而幸福的。经历了两年女所生活，我深切体会到自由的可贵，一家人团团圆圆在一起有多么重要。

我永远不会忘记自己被关到殷高路的第一晚，恐惧、紧张、懊恼各种复杂的情绪覆盖全身。现在我才慢慢理解，苦难是人生的必修课，只有学会克服困难，才能激发一个人向上的勇气和潜力。一周岁这一天，我和叶雄老师以及社工老师有个约定：要一起过十岁生日。我相信在今后的戒毒生涯里，也依然会面对许多挫折和困难，但只有经历过痛苦的磨炼后，我们才可能蜕变成一个坚强而全新的自己。

我特别感谢禁毒协会给我们一个可以展现真实自我的平台。最重要的是，让我们觉得自己受到了肯定和信任，我们也因此不再无助彷徨，不再一无是处，我们也可以和别人一样，健健康康，堂堂正正做人。

牛　牛

（曾于2020年12月30日发表）

上海康复同伴禁毒志愿服务大事记

2003 年　设立“叶子戒毒热线”

2005 年　成立“静安区汤建卫同伴教育小组”

2006 年　设立“同伴信箱”

2007 年　成立“第一期涅槃重生同伴教育成长小组”

2007 年　开展“同伴教育主题活动”

2009 年　运作“心荷同伴教育成长小组”

2009 年　参加万国禁烟会 100 周年纪念活动

2010 年　成立“自强同伴沙龙”

2010 年　确定同伴教育理念“自助、互助、助社会”

2010 年　成立湖北省沙洋强制隔离戒毒所“金凤凰同伴康复训练营”

2012 年　成立“叶雄工作室”

2012 年　颁发第一期“涅槃重生奖”,并持续每年颁发一期

2012 年　运作“拾星者同伴牵手项目”

2013 年　成立“海星同伴禁毒巡讲团”

2013 年　15 个区陆续成立了 19 个同伴工作室，其中，4 个工作室以“康复同伴禁毒志愿者”名字命名

2014 年　加入“沙洋金凤凰禁毒志愿者联盟”

2015 年　开展“让海星成为拾星者——康复同伴禁毒志愿者团队建设项目”

2016 年　创建“有枫的日子——记录生命历程”

2017 年　成立“夏阳所四叶草同伴教育成长小组”

2017 年　建立“北京天堂河戒毒所七色花同伴教育成长小组”

2017 年　建立“北京天堂河戒毒所蓝莲花家庭互助会”

2017 年　建立“北京天堂河戒毒所同伴教育课堂”

2018 年　成立“崧泽所同伴教育成长小组”

2018 年　开展“康复中心同伴教育回归指导讲座”

2018 年　进行“高境所同伴教育课堂”

2018 年　建立“同伴禁毒志愿者星级评定体系”

2019 年　进行“崧泽所同伴教育主题沙龙”

2020 年　开展康复同伴禁毒志愿者星级制度建设及自我管理模式服务计划

2021 年　开展药物成瘾人员新生活方式建构助力计划

2022 年　运作“讲述 · 倡导：行走的课堂——生命成长教育社区行服务计划”

2023 年　运作“演说”康复同伴生命故事项目

后　记

《拾星者：康复同伴禁毒志愿者的故事》是华东理工大学社会工作硕士实践教育的创新，有感于上海禁毒同伴教育中社会工作专业特别是小组工作方法的积极探索。此次实践教育探索过程获得了华东理工大学社会与公共管理学院院长何雪松教授的鼎力支持，由衷感谢他的支持，使得此次社会工作教育实践的创新和探索得以实现及持续。

本书基于质性研究方法，以生命历程理论为研究视角，制定研究设计方案。被访者由康复同伴禁毒志愿者发起人叶雄老师推荐，皆自愿参与，签署知情同意书，访谈为全程录音。整理后的文字稿，皆与被访者逐一确认。访谈员由华东理工大学社会工作专业硕士张坤、杨蕾、李丹阳、瞿明珠、王青青、吴书文、王雯仪、吴雅琴等担任；全书文字校对工作由薛萍完成；全书统稿工作由蔡屹、陈蓓丽、叶雄承担。同时，由衷感谢上海市禁毒志愿者协会对研究工作的鼎力支持，并在审稿时给予宝贵意见。特别感谢好友严利军给予的专业建议。考虑到出版的实际需要，在征得被访者同意后，被访者排名不分先后。特此说明。

我们由衷感谢每一位被访者的分享和支持，他们的生命故事生动阐释了禁毒工作与社会工作专业的理论与实践整合，植入希望，赋予个人涅槃重生的力量，给予社会积极正向的倡导——“毒能戒，毒必戒”。

限于我们的素养和水平，书中不足之处，恳请广大读者指正！

作　者

2023 年 12 月于上海